떴다! 지식 탐험대

일개미 막둥이, 민주 시민이 되다!

떴다! 지식 탐험대 - 법
일개미 막둥이, 민주 시민이 되다!

초판 1쇄 발행일 2011년 4월 5일
개정판 1쇄 발행일 2020년 10월 25일
개정판 4쇄 발행일 2023년 10월 10일

글 문명식 그림 소복이 감수 홍승기

발행인 윤호권 사업총괄 정유한
발행처 (주)시공사 주소 서울시 성동구 상원1길 22, 6-8층 (우편번호 04779)
대표전화 02-3486-6877 팩스(주문) 02-585-1247
홈페이지 www.sigongsa.com / www.sigongjunior.com

ⓒ문명식·소복이, 2011

이 책의 출판권은 (주)시공사에 있습니다.
저작권법에 의해 한국 내에서 보호받는 저작물이므로 무단 전재와 무단 복제를 금합니다.

ISBN 979-11-6579-008-0 74360
ISBN 979-11-6579-001-1 (세트)

*시공사는 시공간을 넘는 무한한 콘텐츠 세상을 만듭니다.
*시공사는 더 나은 내일을 함께 만들 여러분의 소중한 의견을 기다립니다.
*잘못 만들어진 책은 구입하신 곳에서 바꾸어 드립니다.

WEPUB 원스톱 출판 투고 플랫폼 '위펍' _wepub.kr
위펍은 다양한 콘텐츠 발굴과 확장의 기회를 높여주는
시공사의 출판IP 투고·매칭 플랫폼입니다.

KC 마크는 이 제품이 공통안전기준에 적합하였음을 의미합니다.
제조국 : 대한민국 사용 연령 : 8세 이상
책장에 손이 베이지 않게, 모서리에 다치지 않게 주의하세요.

떴다! 지식 탐험대

법

일개미 막둥이, 민주 시민이 되다!

글 문명식 / 그림 소복이 / 감수 홍승기

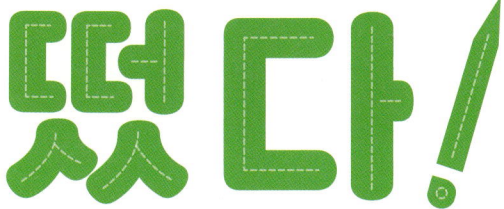

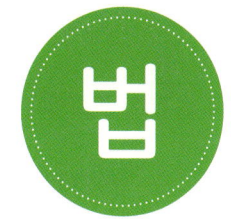

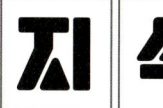

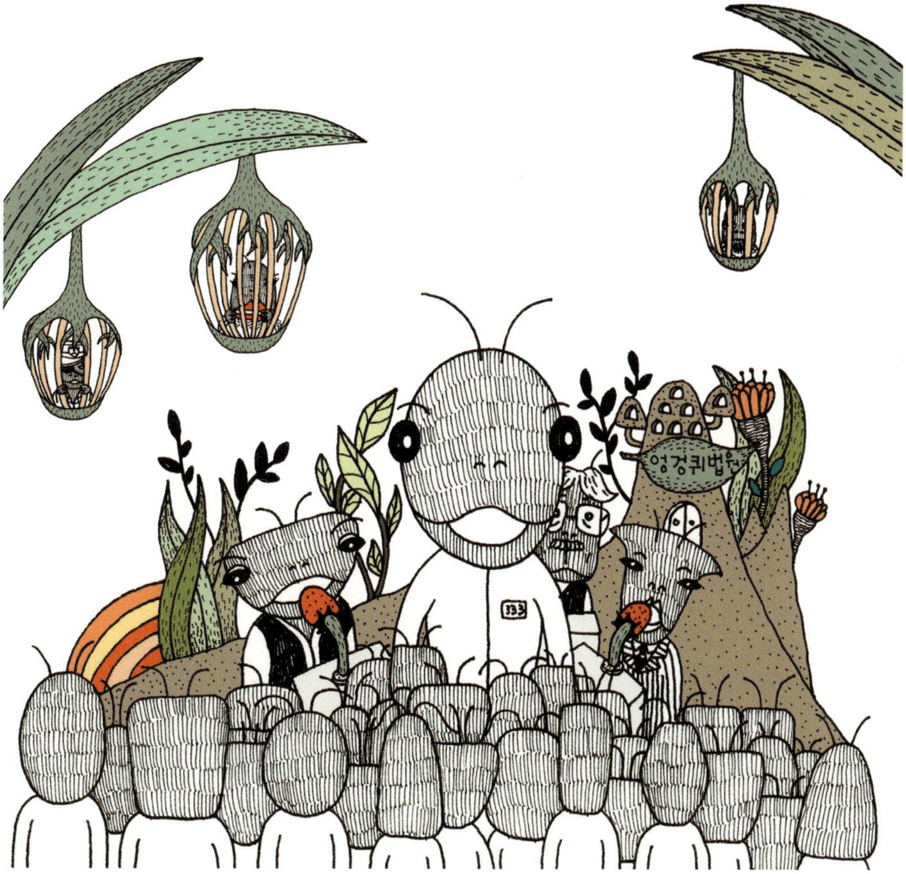

시공주니어

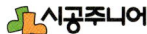

작가의 말

만약에 법이 없다면 어떻게 될까요?

예를 들어 도로 교통법이 없다면 무슨 일이 벌어질까요? 모두 차선도 안 지키고, 교통 신호도 따르지 않을 테니 도로가 뒤죽박죽이 될 거예요. 게다가 제한 속도가 없어 차들이 빠르게 달리고, 사람 다니는 길이 따로 안 정해져서 사고가 엄청 많이 일어날 거예요.

형법이 없으면 어떨까요? 형법은 무엇이 죄이고, 그 죄를 지으면 국가로부터 어떤 형벌을 받는지 정해 놓은 법이에요. 누군가 도둑질을 하면 형법에 정해진 대로 처벌을 받지요. 만약 형법이 없다면 죄가 없는데도 범죄자 누명을 쓰거나, 지은 죄보다 훨씬 큰 벌을 억울하게 받을지 몰라요. 반대로 죄를 짓고도 처벌받지 않는 경우가 많아서 사람들이 범죄에 시달리게 될 수도 있어요.

헌법도 마찬가지예요. 헌법이 없으면 나라가 어떻게 운영되어야 할지 알 수 없어요. 국민의 대표가 대통령인지 왕인지도 알 수가 없고, 선거를 할 때에도 누가 선거에 나올지, 누가 투표를 할지 몰라서 몹시 어지러울 거예요. 아니, 아예 나라가 유지될 수 없겠지요.

법은 이처럼 사회에 없어서는 안 되는 것이에요. 법이 없으면 우리는 국가의 국민으로 살 수가 없고, 국가는 국민을 위해 일을 할 수 없어요. 우리가 국민의 권리를 누리면서 사람답게 살 수 있는 것은 법이 있기 때문이에요.

하지만 이런 법이 본래부터 있었던 것은 아니에요. 옛날에는 힘이 센 왕이나 권력자가 멋대로 나라를 다스렸어요. 백성들은 왕이나 권력자들을 섬기고 그들을 위해 살아야 했지요. 백성들이 국가의 주인이 된 것은 그런 왕이나 권력자들을 쫓아낸 뒤부터예요. 시민들이 피를 흘리고 싸워서 새로운 나라, 새로운 세상을 만들어 낸 것이지요. 이것을 시민 혁명이라고 해요.

오늘날과 같은 법이 처음 생긴 것도 그때예요. 시민들은 민주적인 헌법을 만들어 국민이 나라의 주인이라고 정했어요. 그리고 국민들의 자유와 평등을 보장했고, 국민들이 공정한 대접을 받으며 평화롭게 살 수 있도록 민주적인 형법과 민법도 만들었지요. 오늘날 우리가 민주주의를 누리며 사는 것도 다 시민 혁명 덕분이라고 할 수 있어요.

이 책 속의 개미 왕국에서도 비슷한 일이 벌어졌어요. 법을 무시하며 국민을 괴롭히는 여왕 정부를 몰아내고 새로운 헌법을 가진 민주주의 국가를 세운 것이지요.

이처럼 법은 민주주의와 뗄 수 없는 관계에 있어요. 민주주의를 누리려면 민주적인 법이 있어야 해요. 그래서 좋은 법을 만드는 것은 법을 잘 지키는 것만큼이나 중요하지요. 물론 가장 중요한 것은 우리 모두가 훌륭한 민주 시민이 되는 것이랍니다.

문명식

작가의 말 · 4
등장인물 · 8

1장 정오의 뺑소니 사고 · 10
이런 법, 저런 법 · 20 | 잠깐 토론 · 22

2장 목격자 · 24
이런 법, 저런 법 · 36 | 잠깐 토론 · 38

3장 고소 · 40
이런 법, 저런 법 · 50 | 잠깐 인터뷰 · 52

4장 휘오리 클럽 · 54
이런 법, 저런 법 · 64 | 잠깐 토론 · 66

5장 왕실 비밀회의 · 68
이런 법, 저런 법 · 78 | 잠깐 토론 · 80

6장 재판을 일주일 앞두고 · 82
이런 법, 저런 법 · 94 | 잠깐 인터뷰 · 96

7장 미리 결정된 판결 · 98
이런 법, 저런 법 · 110 | 잠깐 토론 · 112

8장 전쟁과 봉기 · 114
이런 법, 저런 법 · 124 | 잠깐 토론 · 126

9장 새 헌법, 새 정부 · 128
이런 법, 저런 법 · 140 | 잠깐 인터뷰 · 142

막둥이 정식 이름은 일개미 폭풍 333호. 농장에서 일하는 청년 일개미로, 어느 날 성문 앞에서 뺑소니 사고를 당한다. 지하 공동묘지에 버려졌다가 유모 개미에게 발견되어 겨우 목숨을 건진다.

업복이 정식 이름은 병정개미 무더위 27호. 우연히 막둥이와 같은 병실에 입원한 늙은 병정개미로, 순박한 노인인 척하지만 사실은 비밀 조직 회오리 클럽의 핵심 회원이다.

루소 정식 이름은 꿀단지개미 땡볕 11호. 다치거나 병든 개미들에게 꿀물을 나눠 주는 일을 한다. 회오리 클럽 대표로서 겉으론 온순해 보여도 오랫동안 비밀 조직을 이끌 만큼 강한 지도력이 있다.

로자 정식 이름은 유모 개미 장마 54호. 흔히 로자 아주머니라고 불린다. 육아실에서 일하는 노예 출신의 일개미로 공동묘지에 버려진 막둥이의 목숨을 구해 준다. 마음씨 좋은 어머니 같은 일개미이며, 회오리 클럽의 핵심 회원이기도 하다.

스파르타쿠스 정식 이름은 병정개미 말벌 455호. 전투 요원으로 훈련받은 전쟁 노예이며, 반란을 꿈꾸는 노예 지도자이기도 하다. 역시 회오리 클럽의 중요한 회원이다.

엉겅퀴 3세 엉겅퀴 왕국의 여왕. 민주 혁명으로 쫓겨났다가 왕당파 군인들의 군사 반란 덕분에 다시 여왕 자리에 올랐다. 권력 욕심이 많고 포악하며, 민주주의를 짓밟는 독재자이다.

키클롭스 장군 엉겅퀴 3세의 사위이자 왕실 친위대 사령관. 병정개미이면서 귀족 신분에 속하는 군인으로, 대낮에 전차를 몰고 가다 뺑소니 사고를 낸다. 엉겅퀴 3세만큼이나 포악하고 뻔뻔하다.

로크 정식 이름은 수개미 가뭄 45호. 귀족 신분의 변호사로 역시 회오리 클럽의 회원이다. 볼테르의 부탁을 받고 막둥이가 키클롭스를 고소하도록 도와준다.

볼테르 정식 이름은 병정개미 우박 475호. 구걸을 하면서 노숙자 생활을 하는 늙은 병정개미이다. 흰개미 왕국과 벌인 7년 전쟁에 참가했다가 뒷다리를 다쳐 목발을 짚고 다닌다.

1장
정오의 뺑소니 사고

"아, 억울해……"

조금 전에 들어온 환자 하나가 몹시 분하다는 듯이 중얼거렸습니다. 일개미 폭풍 333호라고 적힌 이름표를 단 젊은 환자였습니다.

"방금 뭐라고 했나?"

옆자리에 누워 있던 병정개미가 꼼짝도 않고서 물었습니다. 머리에 붕대를 칭칭 감은 늙은 개미였습니다.

일개미는 버럭 소리를 질렀습니다.

"억울해 죽겠다고요!"

늙은 병정개미가 깜짝 놀라 움찔하며 말했습니다.

"어이쿠, 귀청 떨어지겠네! 도대체 뭐가 그리 억울하다는 거냐?"

"뺑소니 사고로 이 꼴이 됐는데, 안 그렇겠어요?"

병정개미는 몸을 살짝 일으켜 일개미의 몸을 살펴봤습니

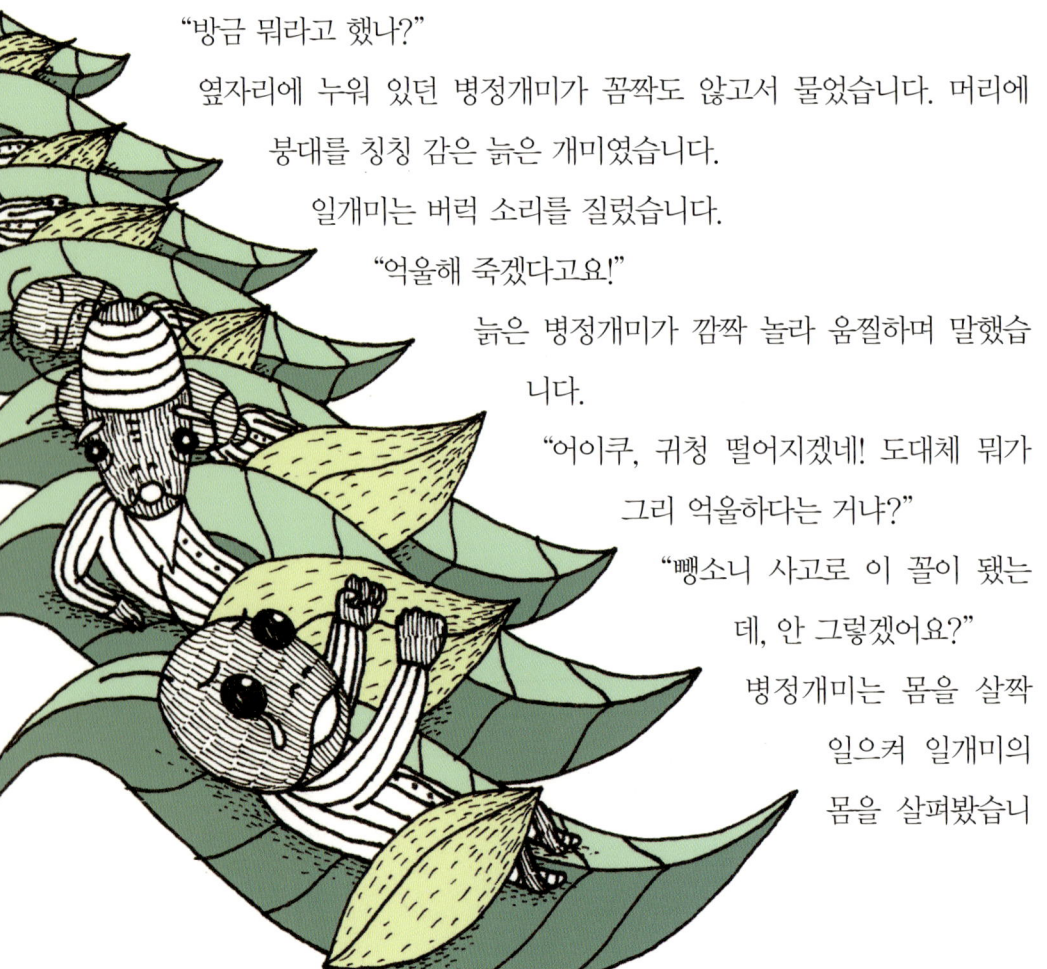

다. 뒷다리 두 개에 두꺼운 깁스를 하고 있는 것을 보니 뼈가 부러지기라도 한 모양이었습니다.

"흠, 억울할 만도 하겠구먼. 어쩌다 그런 사고를 당했나?"

젊은 일개미는 천장을 올려다보며 한숨을 푹 내쉬었습니다.

"후유……."

이틀 전 일이었습니다.

해가 머리 바로 위에서 쨍쨍 내리쬐는 데다 바람 한 점 없어서 숨 막힐 듯 더운 정오 무렵이었지요. 일개미 폭풍 333호는 땀을 뻘뻘 흘리며 무거운 수레를 끌고 있었습니다. 수레에는 이른 아침부터 농장에서 거둔 갖가지 씨앗이며 열매가 가득했습니다. 그렇게 수레를 끈 지 한 시간쯤 되자, 어느덧 성문이 가까워졌습니다.

성문 앞은 사방으로 도로가 갈라지는 교차로였습니다. 늘 수레와 개미들로 북적대는 정신없는 곳이지요. 하지만 그날은 너무 더워서인지 이상할 만큼 한적했습니다. 가끔 수레가 한두 대씩 지나갈 뿐, 걸어 다니는 개미는 거의 보이지 않았습니다.

"영차!"

333호는 성문으로 들어가려고 수레를 왼쪽으로 꺾었습니다. 때마침 신호등도 막 좌회전 신호로 바뀐 참이었습니다. 수레는 힘겹게 모퉁이를

돈 다음 다시 속도를 내기 시작했습니다. 그런데 바로 그때, 갑자기 장수풍뎅이 전차 한 대가 돌진해 왔습니다.
 "으악!"
 333호는 재빨리 수레를 꺾었지만 이미 늦어 버렸습니다. 수레는 전차를 끄는 장수풍뎅이에 부딪혀 저만치 튕겨 나가고 말았습니다. 한가득 실렸던 씨앗과 열매가 공중으로 날아올랐다가 눈처럼 쏟아져 내렸습니다. 그 와중에 333호는 길바닥 저편에 나동그라진 채 정신을 잃고 말았습니다.

 "저런, 쯧쯧!"

얘기를 듣던 병정개미가 안타깝다는 듯 혀를 찼습니다.
"그래서 어떻게 됐지?"
"정신을 차려 보니 제가 이상한 데에 누워 있더라고요."
"이상한 데?"
"네. 사방에 시체가 널려 있고, 고약한 냄새가 진동하는 곳이었어요."
일개미 폭풍 333호는 생각만 해도 끔찍하다는 표정으로 말했습니다.
"그럼 혹시 지하 묘지?"
병정개미는 눈이 휘둥그레졌습니다.
"왜 아니겠어요."
"음, 기절했을 때 거기다 갖다 버린 거로군."
"맞아요. 그러니 뺑소니 사고를 당한 거죠."
병정개미는 다시 혀를 끌끌 차고서 일개미의 몸을 아래위로 살펴보았습니다.

"그래도 크게 안 다쳐서 다행일세."

"일개미가 다리를 다쳤으면 크게 다친 거죠."

"뺑소니 사고 당하고 안 죽은 게 어딘가."

"뭐 그건 그렇지만……."

사실 다른 개미의 도움을 받지 못했으면 333호는 그대로 죽었을지도 모릅니다. 뒷다리 두 개가 다 부러진 데다 온몸이 아파서 꼼짝달싹 못 했거든요. 일어나는 건 고사하고 팔다리를 움직일 기운조차 없었습니다. 333호는 비명과 신음을 번갈아 내지르다 다시 정신을 잃었습니다.

얼마나 시간이 흘렀을까요? 333호는 다시 눈을 떴습니다. 웬 얼굴 하나가 걱정스러운 표정으로 333호를 내려다보고 있었습니다.

"정신이 좀 드니?"

정신을 가다듬어 찬찬히 살펴보니 나이 많은 아주머니 일개미였습니다. 얼굴 뒤편으로 불을 밝힌 천장이 보였습니다. 그러고 보니 어두컴컴한 묘지가 아니었습니다.

"여기가 어디죠?"

"육아실이야."

333호는 고개를 살짝 돌려 주변을 살펴보았습니다. 사방이 애벌레가 담긴 요람들로 가득했습니다. 그 사이로 유모 개미들이 바쁘게 돌아다니며 애벌레를 돌보고 있었습니다.

333호가 어리둥절하여 물었습니다.

"왜 제가 여기에 있나요?"

"왜 와 있긴? 내가 데려왔으니까 있지."

묘지에서 정신을 잃고 있던 333호를 육아실의 유모 개미가 발견하여 데려온 것이었습니다.

"죽은 번데기를 버리러 갔는데, 네가 정신을 잃은 채 끙끙 신음 소리를 내더라고."

333호는 몸을 일으키려고 무심코 팔다리에 힘을 주었습니다.

"아악!"

"움직이지 마. 다리가 두 개나 부러졌어."

"아, 그랬지."

살짝 고개를 들어 다리를 살펴보니 맨 뒤의 두 다리에 붕대가 칭칭 감겨 있었습니다. 유모 개미가 응급조치를 해 놓은 모양입니다. 얼굴이며 두 팔, 다른 다리들도 상처가 났는지 온통 쓰라리고 쑤시지 않은 데가 없었습니다.

"정신을 차렸으니 이제 기운 나게 뭘 좀 먹어야겠다. 얼른 가서 꿀단지 개미를 불러올 테니 쉬고 있으렴."

유모 개미는 이렇게 말하고 어디론가 바쁘게 걸어갔습니다.

꿀단지개미란 배가 항아리처럼 부풀어 있는 일개미를 말합니다. 배 속에 꿀 같은 영양물질이 든 물을 저장했다가, 필요할 때 다른 개미들에게 나눠 주는 일을 하지요. 꿀단지개미는 깊숙한 지하실에서 늘 대기하고 있어야 했습니다. 몸도 괴상하게 생긴 데다 평생 감옥 같은 곳에서 지내야 하기 때문에, 꿀단지개미는 사실상 노예나 다름없었습니다.

333호도 예전에 한번 꿀단지개미에게 간 적이 있었습니다. 땡볕 속에서 일하다 쓰러졌을 때 동료들이 부축하여 데려간 것이었습니다. 그때 받아 마신 꿀물의 맛은 정말 황홀했습니다.

"많이 기다렸지?"

333호가 한창 이런저런 생각을 하고 있을 때 유모 개미가 돌아왔습니다. 유모 개미 뒤에는 유모 개미만큼 나이가 들어 보이는 꿀단지개미가 서 있었습니다. 333호는 그 개미에게 꿀물을 받아 마시고 제법 기운을 차렸습니다.

"음, 그랬군."

늙은 병정개미는 알겠다는 듯 고개를 끄덕였습니다.

"그럼 이 병원에 입원시켜 준 것도 그 유모겠구먼?"

"맞아요. 그분 아니었으면 전 벌써 죽었을 거예요."

"경찰서에 신고는 했지?"

"신고요? 신고는 해서 뭐 해요? 어차피 아무 소용 없을 텐데."

병정개미는 혀를 끌끌 찼습니다.

"바보 같은 녀석. 경찰서는 이런 때 가라고 있는 거야."

그 말에 일개미 333호가 다시 버럭 소리를 질렀습니다.

"바보는 아저씨예요! 저 같은 하찮은 일개미가 그런 데를 감히 갈 수 있을 것 같아요?"

병정개미는 말문이 막힌 듯 잠시 멍하니 일개미를 바라보았습니다.

"그렇긴 한데……. 어쨌든 모든 국민은 이럴 때 경찰의 도움을 받을 권리가 있어. 법으로 정해진 거야."

"법이 있으면 뭐 하냐고요. 우리 같은 보통 개미들이야 항상 법보다 주먹이 가까운데."

"그래도 가 보는 게 좋아. 그게 꼭 자네를 위해서만이 아니니까. 더구나 이건 뺑소니 사고라서 경찰도 무조건 무시할 수는 없다고."

일개미 333호는 잠시 생각에 잠겼습니다. 사실 이런 얘기를 처음 들은 건 아니었습니다. 바로 그저께 육아실에서 꿀단지개미에게도 비슷한 얘기를 들었으니까요.

"다리만 치료하면 괜찮겠군."

제법 기운을 차린 333호를 보며 꿀단지개미는 고개를 끄덕였습니다. 그러고는 유모 개미에게 당부했습니다.

"날이 밝는 대로 병원에 데려다주시게."

꿀단지개미는 다시 333호를 찬찬히 살펴보며 말했습니다.

"그런데 자네는 어쩌다 이 지경이 됐지?"

333호는 사고를 당하던 순간을 떠올리며 일어난 일들을 하나하나 얘기했습니다.

"그러니까 대낮에 뺑소니 사고를 당한 거로군. 혹시 전차를 몬 개미 얼굴은 봤나?"

"묘지에 버려지기 전에 잠깐 정신이 들긴 했는데 잘 기억이……. 아, 맞다! 그 개미, 한쪽 눈이 먼 자였어요. 나를 빤히 내려다보고 있어서 그건 확실히 봤어요."

"그래?"

333호의 말에 꿀단지개미의 눈이 살짝 커졌습니다. 누군가 떠오르기라도 한 것일까요?

"또 생각나는 건 없고?"

"글쎄요. 군복을 입었던 것 같은데……"

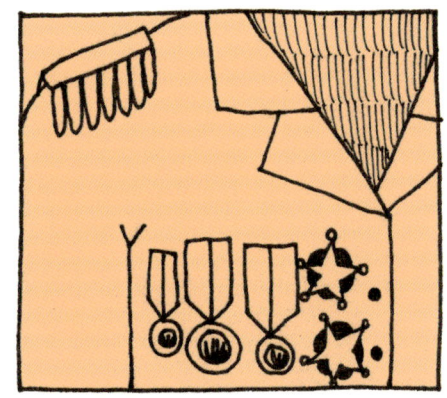

그러자 유모 개미가 딱하다는 듯이 말했습니다.

"전차를 몰았으니 당연히 병정개미였겠지. 하지만 한쪽 눈이 먼 병정개미가 한둘이 아니잖아."

"그렇긴 하네요."

꿀단지개미가 333호의 다리를 다

시 한번 살펴보며 말했습니다.

"아무튼 병원에서 치료받고, 될 수 있는 대로 빨리 경찰서에 신고하게. 그 개미는 도로 교통법을 위반한 것이니 말이야. 교통 신호를 위반한 데다 뺑소니까지 쳤으니 정말 큰 범죄일세."

"그건 알지만……."

"알지만?"

꿀단지개미는 333호의 눈을 빤히 내려다보았습니다.

"경찰이 신고나 받아 주겠어요?"

"경찰은 국민의 권리와 행복을 지켜 줄 의무가 있어. 국민이 범죄 피해를 받았다고 신고하면 조사하도록 법으로 정해져 있다고. 그러니 신고를 안 받는 건 법을 어기는 거야."

"안다니까요. 하지만 경찰이 법을 제대로 지키느냐 말이에요."

"처음부터 그런 걸 생각할 필요는 없어. 자네는 이 나라의 국민이고 주인이야. 해 보기도 전에 지레 포기하는 건 헌법이 보장한 국민의 권리를 포기하는 거라고."

꿀단지개미는 지치지도 않고 끈질기게 설득했습니다. 333호는 귀찮아서 건성으로 알았다고 대답했습니다. 하지만 경찰서에 갈 마음은 손톱만큼도 없었습니다.

이런 법 저런 법

법이란 무엇일까?

우리는 모두 사회 속에서 살고 있어. 사회는 수많은 사람들로 이루어진 집단이고, 사람들은 저마다 다른 처지에서 갖가지 생각과 행동을 하지. 그래서 자칫하면 다툼이 벌어지고 사회가 혼란에 빠질 수도 있어. 그것을 막기 위해 국민의 대표들이 만든 것이 바로 법이야. 법은 사회의 안정을 유지하고 시민의 권리를 공평하게 보장하기 위해 모두가 따라야 하는 원리와 규칙이라고 할 수 있어. 도덕이나 관습하고도 비슷하지만, 법은 지키지 않으면 국가의 처벌을 받을 수도 있다는 점에서 크게 달라.

법은 언제부터 생겼을까?

법이라고 할 수 있는 것이 언제 처음 만들어졌는지 정확히 알 수는 없어. 아마 인간이 사회를 이루고 문명을 발전시키면서 함께 생겨났을 거야. 그래서 법이 처음으로 나타난 곳도 인간의 문명이 처음으로 발달한 메소포타미아와 이집트 지역이야.

고대 이집트 사람들은 약 5000년 전쯤에 법을 만들었다고 해. 문명이 일찍 발달한 중국과 인도, 그리스와 로마에서도 법이 발달했어. 하지만 법전, 곧 글자로 적어 한 묶음으로 정리한 법으로 가장 오래된 것은 옛 바빌로니아의 〈함무라비 법전〉이야. 함무라비라는 왕이 재판 때 판결한 내용을 282개의 법조문으로 정리해서 돌기둥에 새긴 것이지.

법의 종류

법은 종류가 아주 많은데, 중요한 순서에 따라 헌법, 법률, 명령, 그리고 조례와 규칙으로 나눌 수 있어. 헌법은 국가의 틀을 정하는 최고의 법이야. 법률은 헌법 아래의 법으로, 헌법에 따라 국회에서 만들지. 명령은 법률보다 더 아래의 법이고 행정부에서 만들어. 법률은 헌법을 따라야 하고, 명령은 헌법과 법률을 모두 따라야 해. 조례는 지방 의회에서 만들고, 규칙은 지방 자치 단체의 장이 만들어. 두 가지 모두 법률과 명령의 아래 법이고, 규칙은 조례보다도 더 아래에 있지. 그래서 조례나 규칙을 만들 때는 헌법과 법률, 명령이 정한 내용을 한 가지도 어겨서는 안 돼.

도로 교통법이란?

도로 교통이 안전하고 편리하게 이루어지도록 규칙을 정한 법률을 '도로 교통법'이라고 해. 도로에서 차량을 운전하거나 걸어갈 때 지켜야 하는 크고 작은 규칙들은 대부분 도로 교통법에서 비롯되었어. 예를 들어 도로에서 신호등이 녹색일 때 가고 붉은색일 때 멈추는 것도 도로 교통법에 따른 것이지.

자력 구제와 정당방위

다른 사람에게 억울한 일을 당하거나 권리를 침해당했을 때, 법 절차에 따르지 않고 스스로 해결하는 것을 '자력 구제'라고 해. 자력 구제는 법으로 금지하고 있어. 왜냐하면 잘잘못을 객관적으로 따질 수 없어 문제가 공정하게 해결되기 어렵고, 힘센 사람이 약한 사람들을 괴롭히는 수단이 될 수도 있거든. 하지만 자력 구제도 허용될 때가 있어. 사정이 아주 급해서 국가의 법 절차를 따를 시간이 없으면 스스로 해결해도 상관이 없어. 예를 들면 강도가 내 물건을 빼앗아 가려고 할 때 현장에서 몸싸움을 하다가 오히려 강도가 다쳤다고 하더라도 나는 처벌받지 않을 수 있어. 이런 걸 '정당방위'라고 해.

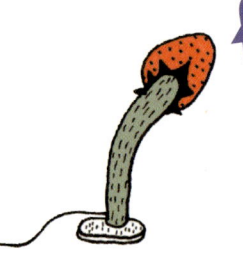

잠깐 토론

꼭 법으로 문제 해결을 해야 할까?

참석자 일개미 폭풍 333호(막둥이), 병정개미 무더위 27호(업복이), 유모 개미 장마 54호(로자)

사회자 꿀단지개미 땡볕 11호(루소)

루소 자, 잠시 토론 좀 해 볼까요? 오늘의 주제는 '뺑소니 사고를 꼭 법으로 해결해야 하는가'입니다. 먼저 사고 당사자인 막둥이 님부터 말씀해 보실까요?

막둥이 전 도대체 모르겠어요. 내가 사고를 당했는데 왜 번거롭게 경찰서에 신고하고 법원까지 드나들어야 하느냐고요. 내 일이니까 내가 알아서 해결하는 게 맞죠.

업복이 그게 뭔 소리야, 이놈아!

루소 업복이 님, 토론회니 존댓말로 해 주시죠. 목소리도 좀 낮추시고요.

업복이 아, 이런, 그렇지. 그러니까 그게, 그렇지 않습니다. 우리 사회에는 법이 있단 말이에요. 법이라는 건 시민들이 이런 문제에 빠졌을 때 공정하게 해결해 주려고 만든 규칙이잖아요? 모든 시민들은 그 법에 따라 문제를 해결하고 보호받을 권리가 있고요.

막둥이 그런 거 필요 없어요. 제가 싫으면 그만이죠. 전 귀찮은 건 질색이고 경찰서도 무서워요. 그냥 제 손으로 해결하고 싶어요.

루소 막둥이 님은 그러니까 자력 구제를 하시겠다는 말씀인데…….

로자 법에 따르는 건 권리일 뿐 아니라 의무이기도 합니다. 그래서 자력 구제는 법으로 금지되어 있어요. 한번 생각해 보세요. 우리나라에 사는 개미가 얼마나 많습니까? 적어도 300만 마리는 되지 않습니까? 그 많은 개미들이 사고를 당하거나 다툼이 있을 때마다 저마다 스스로 해결하려고 한다면 얼마나 난장판이 되겠습니까? 법으로 정해진 규칙에 따르면 공정하고 평화롭게 해결될 수 있어요.

업복이 개미들마다 생각이 다르고 처지도 다 다른데, 정해진 규칙이 없으면 모든 일이 결국 돈 많고 힘센 개미들 마음대로 되고 말 거예요. 그러면 가난하고 힘없는 개미들만 다치거나 손해를 볼 게 뻔하지 않겠어요?

막둥이 어쩔 수 없죠. 자연의 이치가 본래 그런 건데.

로자 난 그렇게 생각하지 않아요. 자연의 법칙이야 그렇다지만, 문명사회에서는 그걸 따르지 않죠. 문명사회의 법칙은 서로 도와 가며 다 함께 잘 살아야 한다는 것이에요. 그게 바로 민주주의의 핵심이지요.

업복이 맞아요. 민주주의를 보장하기 위해 법도 있는 것이죠. 그러니 법을 놔두고 스스로 해결하겠다는 건 민주주의를 해치는 짓입니다. 법을 어기는 거예요.

막둥이 그런가요…….

2장
목격자

333호는 퇴원은 했지만 당분간 목발을 짚고 다녀야 했습니다. 부러진 뒷다리 두 개는 여전히 깁스를 한 상태였으니까요. 일도 할 수 없었습니다. 농장 주인은 새 일꾼을 구했다며 다른 곳을 알아보라고 했습니다.

할 수 있는 건 집에서 푹 쉬는 것밖에 없었습니다. 힘든 일을 안 하니 편하긴 했지만, 그것도 겨우 며칠뿐이었습니다. 심심하기도 하고, 한 푼 두 푼 떨어져 가는 돈을 생각하면 마음이 편하지 않았습니다.

다 낫지도 않았는데 서둘러 병원에서 나온 것도 사실은 병원비 때문이었습니다. 오랫동안 모은 돈이 치료비와 입원비로 다 들어가 버리자 마냥 입원실에 누워 있을 수가 없었습니다.

333호가 느닷없이 범인을 찾아 나서겠다고 결심한 데는 그런 다급한 사정이 있었습니다.

'어떤 놈인지 잡아서 반드시 보상을 받고 말겠어.'

가장 먼저 찾아간 곳은 사고 현장이었습니다. 사고가 났을 때와 비슷한 시각이라 성문 앞 교차로는 한가했습니다. 기억을 더듬어 사고 난 곳을 찾아내어 살펴보니, 푹 파인 바퀴자국이 아직도 남아 있었습니다. 그것을 보자 사고 순간의 고통이 되살아나 심장이 터질 듯이 뛰었습니다.

333호는 억지로 가슴을 진정시키고 주변을 샅샅이 더듬었습니다.

'사고 난 지 한 달이 다 됐는데 남아 있는 게 있을까?'

이런 생각을 하며 한참을 더듬고 있는데 딱딱한 파편 하나가 손에 들어왔습니다.

"앗, 이것은!"

그것은 장수풍뎅이 뿔 조각이었습니다. 333호의 수레와 부딪칠 때 뿔 끝부분이 살짝 떨어져 나온 모양이었습니다. 근처를 더 살펴보자 다른 것도 있었습니다. 엉겅퀴가 새겨진 방패 모양의 작은 나뭇조각이었습니다. 엉겅퀴가 새겨진 방패 모양은 바로 왕실 친위대 마크였습니다. 아마 사고 때 충격으로 전차에서 떨어져 나왔나 봅니다.

"그렇다면 그 군인은……."

왕실 친위대는 이 나라, 그러니까 엉겅퀴 왕국의 여왕인 엉겅퀴 3세를 경호하는 군대입니다. 그런 만큼 무시무시한 권력을 갖고 있었습니다. 엉겅퀴 집안이 이 나라를 3대째 다스릴 수 있었던 데에는 왕실 친위대의 공이 가장 컸습니다.

333호는 갑자기 무서워졌습니다. 그리고 아무것도 할 수 없을 것만 같았습니다.

'범인이 왕실 친위대 군인이라면 어떻게 해 볼 도리가 없잖아. 다 포기해야 하나?'

맥이 빠져서 멍하니 주저앉아 있는데, 어딘가에서 날카로운 호루라기 소리가 들렸습니다.

"이봐 거기, 전차에 치여 죽고 싶어? 당장 비키지 못해!"

깜짝 놀라 소리 나는 쪽을 살펴보니, 성문 위 초소에서 경비를 서는 병사가 잔뜩 화난 얼굴로 고함을 치고 있었습니다.

그러고 보니 333호는 계속 도로 안쪽에서 어슬렁거리고 있었습니다. 333호는 얼른 보도로 올라섰습니다. 그러자마자 전차 여러 대가 모퉁이를 휙 돌아 성문으로 달려 들어갔습니다. 전차들이 지나간 길 위로 먼지구름이 뽀얗게 일어났습니다.

'진짜 경찰서에 신고해 볼까?'

333호는 불쑥 그런 생각이 들었습니다. 하지만 경찰도 경찰서도 여전히 무섭게만 느껴졌습니다. 경찰서에 신고하러 갔다가 오히려 봉변만 당했다는 얘기를 몇 번이나 들었는지 모릅니다. 예전에 일하던 농장에는 귀족 개미를 고발했다가 오히려 죄를 뒤집어쓰고 옥살이를 한 일개미도 있었습니다.

'나라고 그런 꼴 당하지 말라는 법이 없잖아.'

그렇게 한참을 고민하던 333호는 문득 결심을 해 버렸습니다.

'에라, 모르겠다. 일단 가 보자. 기왕 이렇게 된 거 발버둥이라도 한번 쳐 봐야지.'

333호의 발걸음은 어느덧 경찰서를 향했습니다.

엉겅퀴 왕국에는 경찰서가 모두 세 곳에 있었습니다. 땅 위 왕궁 옆과 지하 10층, 지하 30층에 각각 하나씩 있었지요. 그중 왕궁 옆에 있는 경찰서가 가장 크고, 나머지 두 곳은 그보다 조금 작았습니다.

개미 왕국은 보통 땅 위와 땅 밑에 걸쳐 만들어집니다. 엉겅퀴 왕국도 마찬가지여서, 시민이 사는 곳의 3분의 2가 지하였습니다. 그래서 왕족이나 귀족이 아닌 시민들은 대부분 지하에 살고 있지요. 경찰서 두 곳이 지하에 있는 것도 바로 그 때문이었습니다.

333호가 신고하러 찾아간 곳은 왕궁 옆 경찰서였습니다. 본래 이름은 '엉겅퀴 왕국 중앙 경찰서'이지만, 왕궁 옆에 있다고 해서 흔히 그렇게 불렀습니다.

경찰서 문을 열고 들어가자 우락부락한 순경 하나가 333호를 맞았습니다. 그 순경은 333호의 사정 얘기를 죽 듣고는 귀찮다는 듯이 되물었습니다.

"음, 그러니까 뺑소니 사고를 당했다는 건가?"

"네."
"범인은 한쪽 눈이 먼 친위대 군인이라는 거고?"
"네."
 순경의 눈빛과 목소리가 조금씩 사나워졌기 때문에 333호는 자기도 모르게 움츠러들었습니다. 순경 얼굴을 똑바로 보지 못했고 목소리는 점점 작아졌습니다.
"그래서 어떡하겠다는 거지?"
 순경은 이제 눈까지 부라렸습니다.
"그러니까……"
"그러니까?"
"그, 그, 그 범인을 좀…… 잡아 주셨으면 해서……"
 순경은 그 말을 듣더니 333호의 얼굴을 뻔히 쳐다보았습니다. 물론 333호는 어쩔 줄을 몰라 했습니다. 다 그만두고 뛰쳐나가고 싶은 심정이었으니까요.
"당연히 그래야지. 그게 경찰이 할 일이니까."
"그, 그렇죠?"
"그렇지. 그래서 경찰은 범죄 신고를 받으면 수사를 해서 피해자를 도와야 하는데, 문제는 당신이 진짜 범죄 피해자인지 아닌지 알 수가 없다는 거야. 증거가 없으니 말이야."
"네? 그거야 이 장수풍뎅이 뿔 조각이면 충분하지 않나요?"
 그러자 순경은 픽 웃었습니다.

"그게 어떻게 증거가 되나! 그 길을 지나다니는 친위대 전차가 하루에 몇 대인 줄 알아? 또 사고는 얼마나 자주 나는데!"

"네? 하, 하지만……."

"게다가 진짜 사고가 났는지 알 수도 없잖아. 혼자서 수레 끌다가 다치고 엉뚱하게 뺑소니 사고로 신고하는지 알 게 뭐냐고."

"전 분명히 친위대 전차에 치였는데요. 보시다시피 이렇게 다리가 부러졌다고요."

"그건 당신 주장일 뿐이지. 뺑소니 사고가 있었다는 증거가 있어야 신고를 접수하고 수사를 할 거 아니야."

333호는 순경 말이 맞는 것도 같았습니다. 아무런 증거 없이 어떻게 수사를 요청할 수 있을까요. 경찰이 신고를 안 받는 게 당연해 보였습니다. 그래도 그냥 물러나기엔 너무나 억울했습니다. 어쨌든 뺑소니 사고를 당한 건 분명한 사실이었으니까요.

"그렇지만……"

순경은 333호의 말을 들은 체도 안 하고 말을 이어 갔습니다.

"그리고 말이야, 아무 죄 없는 이를 범죄자로 몰면 죄가 얼마나 큰지 알아?"

"……"

"왕국 형법 제35조 2항에 따르면 최소한 징역 1년이야! 게다가 감히 친위대 군인을 거짓으로 신고했으니, 잘못하면 여왕 경호 특별법에 따라 사형 선고까지 받을 수 있다고……"

이 말에 333호는 오싹 소름이 끼쳐서 곧바로 경찰서를 나왔습니다. 더 있다가는 무슨 봉변이라도 당할 것만 같았거든요. 어차피 큰 기대는 안 했지만, 실망스러운 건 어쩔 수 없었습니다.

'확실한 증거가 있으면 좋을 텐데……'

이런 생각을 하며 걷는데 성문 쪽에서 북소리가 들려왔습니다.

"둥! 둥! 둥! 둥! 둥!"

정확히 다섯 번 울렸습니다. 벌써 오후 다섯 시인 모양입니다. 333호는 자기도 모르게 성문 밖 음료수 가게로 걸음을 옮겼습니다. 잔뜩 긴장했던 탓인지 무척 목이 말랐습니다.

일개미들이 일터에서 한창 일할 시간이라서 그런지 가게에는 손님이 별로 없었습니다. 구석에 앉아 진딧물 주스를 홀짝거리는데 누군가 다가와 말을 걸었습니다.

"이봐, 자네 아까 성문 앞 네거리에서 기웃거리던 친구지?"

고개를 들어 보니 수문장 복장을 한 병정개미였습니다.

"그런데요?"

"뭔가 열심히 찾는 것 같던데…… 혹시 뺑소니 사고 증거물을 찾는 건 아닌가?"

수문장 개미는 이렇게 말하며 은근슬쩍 맞은편 자리에 앉았습니다. 333호는 덕분에 수문장 개미의 얼굴을 자세히 볼 수 있었습니다. 잔주름도 많고 크고 작은 상처가 있는 모습이 나이가 적지 않아 보였습니다.

"네? 아, 맞아요!"

333호는 눈이 똥그래졌습니다.

"그런데 그걸……."

"어떻게 아느냐고? 그야 내가 사고를 직접 봤으니까 알지."

세상에, 목격자를 만난 것입니다! 도대체 왜 수문장 생각을 못 했을까요? 성문 누각에는 하루 종일 수문장이 서 있는데 말이지요. 성문 바로 앞 교차로에서, 그것도 대낮에 난 사고이니 수문장이 못 봤을 리가 없었습니다.

"그럼 범인이 누구인지도 아시겠네요?"

"알고말고."

333호는 눈이 휘둥그레져서 물었습니다.

"그, 그게 누구죠?"

"미안하지만 그건 말해 줄 수 없어."

"아니, 왜요?"

"음, 그건…… 이런 일 때문에 내가 감옥에 갈 순 없거든."

"감옥이라뇨?"

"자네는 나 같은 별 볼 일 없는 병정개미가 감히 친위대 군인을 뺑소니 범죄자로 몰 수 있다고 생각하나?"

"그거야……."

"당연히 못 하지. 그러니 포기하라고. 우리 같은 힘없는 개미들은 그저 죽지 않고 사는 걸 다행으로 여겨야 해."

수문장 개미의 말은 333호도 이미 알고 있는 얘기였습니다. 하지만 이렇게 증인까지 찾았는데 그냥 물러설 수는 없었습니다.

"안 돼요. 범인을 알아내서 꼭 처벌할 거예요. 법치 국가의 국민으로서 이런 대접을 받는 건 말이 안 되잖아요."

"정 그렇다면 말이야, 내가 다른 증인을 알려 주지. 동쪽 성문에서 구걸하는 늙은 거지인데, 사고 난 다음에 그 자리에 와서는 한참 서 있더라고. 아마 그 영감도 사고를 목격했을 거야."

"아, 그 노숙자 개미요? 저도 본 적 있어요."

333호는 남은 주스를 급히 들이마시고 벌떡 일어섰습니다.

"고마워요, 수문장 아저씨!"

수문장 개미에게 고맙다는 인사를 한 333호는 부리나케 가게를 나와 동쪽 성문으로 달려갔습니다. 정확히 말하면 땀을 뻘뻘 흘리며 목발을 짚고 걸었지요. 정말이지 어깨가 떨어져 나갈 것 같았습니다.

밖은 아직도 환한 대낮이었지만 해는 조금씩 기울고 있었습니다. 노숙자 개미는 조금 선선해지는 이맘때부터 구걸을 시작할 것입니다. 어차피 거지니까 돈을 조금 주면 기꺼이 증인이 되어 줄 것 같았습니다. 그렇다고 전혀 불안하지 않은 건 아니었지요.

'수문장 개미처럼 무서워서 거절할지도 모르지. 아무리 노숙자라지만

말이야.'

땀을 뻘뻘 흘리며 열심히 걸은 끝에 333호는 어느덧 동쪽 성문 앞에 이르렀습니다. 오가는 개미들이 많아지는 시각이라 성문 앞은 제법 복잡했습니다. 333호는 조심스럽게 성문 주위를 살폈습니다. 노숙자 개미는 과연 나왔을까요?

"저기 있다!"

성문에서 약간 떨어진 성벽 한쪽 구석에 꾀죄죄한 병정개미 하나가 쭈그리고 앉아 있었습니다. 바로 그 노숙자 개미였습니다.

333호는 떨리는 마음을 달래며 천천히 다가갔습니다. 노숙자 개미는 피곤한 듯 성벽에 기댄 채 자는 중이었습니다. 앞에는 동전이 몇 개 담긴 깡통이 놓여 있었습니다.

"저기…… 그러니까…… 아, 안녕하세요?"

노숙자 개미는 꼼짝도 하지 않았습니다. 깊이 잠든 모양이었습니다. 333호는 좀 더 큰 소리로 말했습니다.

"저기, 주무시나요? 괜찮으시면 저와 얘기 좀 하셨으면 하는데……"

노숙자 개미는 여전히 꼼짝도 않고 얼굴만 살짝 찌푸렸습니다. 아무래도 흔들어 깨워야 할 것 같았습니다. 333호는 허리를 구부리고 노숙자 개미의 어깨 쪽으로 손을 뻗었습니다. 그런데 바로 그 순간, 노숙자 개미의 손이 번개처럼 333호의 손목을 꽉 낚아챘습니다.

"악!"

333호는 자기도 모르게 비명을 질렀습니다.

"나한테 무슨 볼일 있나?"

노숙자 개미는 어느 틈엔가 눈을 뜨고 333호를 빤히 노려보고 있었습니다.

이런 법 저런 법

국민과 국적

국가를 이루는 사람들을 '국민'이라고 해. 하지만 국가 안에서 산다고 해서 다 국민은 아니야. 국가의 법에 정해진 자격을 갖춘 사람이어야 하지. 국민은 자기가 속한 국가의 법에 따라 권리를 누리고 책임을 져. '국적'이란 그런 국민으로서의 신분과 자격을 말해. 즉 한국인은 한국 국적을 가지고 있고, 중국인은 중국 국적을 가지고 있는 것이지.

법치 국가

정부(국가)는 반드시 국회에서 만든 법에 따라 나라를 다스려야 한다는 생각을 '법치주의'라고 하고, 법치주의를 지키는 나라를 '법치 국가'라고 해. 법치 국가에서는 정부가 법에 정해지지 않은 것을 국민에게 강요할 수 없어. 정부뿐만 아니라 그 누구라도 법에 따르지 않고서는 국민의 자유나 권리를 제한하거나 의무를 지울 수 없지. 왕이나 군주가 나랏일을 마음대로 결정할 수 있었던 옛날 군주 국가와는 반대라고 할 수 있어.

헌법

국가를 유지하고 운영하기 위한 가장 기초적인 원리를 정한 법을 '헌법'이라고 해. 정부를 만들고 대통령을 뽑는 방법, 국민의 권리와 의무가 모두 헌법에 적혀 있어. 그래서 헌법은 법 중에서도 가장 중요한 법으로 여겨. 아무렇게나 만들 수 없고, 함부로 바꿀 수도 없지. 헌법을 고치려면 국민 투표를 통해 국민의 허락을 받아야 해. 헌법은 대개 나라가 새로 세워질 때 만들어져. 대한민국 헌법도 1948년에 대한민국 정부가 세워지면서 처음 만들어졌어.

형법

형법은 범죄와 형벌에 관해 정해 놓은 법을 말해. 즉, 어떤 행동이 죄가 되고, 그 죄를 지으면 국가로부터 어떤 형벌을 받는지 정해 놓은 법이야. 형법에 범죄가 된다고 나와 있지 않은 행위를 했을 때는 처벌받지 않아. 또 죄를 지었다고 해도 형법에 어긋나는 방법으로는 처벌을 받지 않아. 형법은 국민들이 죄 없이 억울하게 처벌받는 일이 없게 하려고 만든 법이야.

법률을 만드는 절차

법률은 국회 의원이나 행정부의 요청을 받아 국회에서 만들어. 국민을 대표해서 법을 만드는 기관이 국회거든. 국회 의원과 행정부에서 국회에 법률안(법률로 만들고자 하는 내용)을 제출하면 국회에서는 법률안이 꼭 필요한지, 타당한지 등을 검토해. 그런 다음 회의를 열어 법률안에 대해 투표를 하는 거야. 국회 의원의 절반 이상이 참석하여 그중 찬성이 절반을 넘으면 새로운 법률이 만들어지는 거지. 새로 만들어진 법률이 효력을 가지려면 대통령이 공포를 해야 해. 공포란 법률이 만들어져서 적용된다는 것을 국민에게 알리는 절차야.

증거는 꼭 필요한가?

참석자 막둥이, 수문장, 노숙자

사회자 루소

루소 오늘의 주제는 '범죄자를 처벌할 때 꼭 증거가 있어야 하는가'입니다. 먼저, 한 달 전에 뺑소니 사고를 당하신 막둥이 님부터 말씀하시죠.

막둥이 사회자님 말씀처럼 저는 뺑소니 사고를 당했습니다. 그런데 경찰에 신고했더니 뺑소니 사고를 당한 증거가 없다며 신고를 안 받더군요. 다리가 부러질 정도로 크게 다쳤는데 굳이 따로 증거를 내놓으라는 건 말이 안 된다고 생각합니다.

수문장 자네 말이야말로 말이 안 되는데? 증거도 없이 한 달 전에 뺑소니 사고를 당했다고 한들 누가 믿겠나. 자네는 정말로 사고를 당했지만, 만약 사고도 안 난 다른 개미가 와서 거짓으로 신고를 하면 어떡하지?

루소 그러니까 범죄 신고를 하려면 증거가 꼭 있어야 한다는 말씀인가요? 노숙자 님께서는 어떻게 생각하십니까?

노숙자 신고는 증거가 없이도 할 수 있습니다. 다만 증거도 없고 신고 내용이 너무 터무니없으면 경찰이 접수를 하지 않겠지요. 우리나라의 형사 소송법은 누구나 인정할 수 있는 증거에 따라 죄를 결정하고 처벌하게 되어 있습니다. 이걸 유식한 말로 '증거 재판주의'라고 합니다. 그런 원칙을 제대로 지키지 않으면 억울하게 피해 보는 개미가 많아질 겁니다.

막둥이 하지만 국민은 헌법에 따라 국가의 보호를 받을 권리가 있지 않습니까? 경찰과 법원은 당연히 그 권리를 지켜 줘야 하고요. 증거가 없다고 그 권리를 지켜 주지 않는 건 헌법을 무시하는 겁니다.

수문장 답답한 친구일세. 증거가 있어야 수사를 시작하든지 말든지 할 것 아닌가!

루소 잠시 진정하시고 토론회니까 존댓말을 써 주세요.

노숙자 만약 증거나 증인이 없이도 고소나 고발을 하고, 경찰은 마구잡이로 수사를 한다면 어떻게 될까요? 아마 누명을 쓰거나 억울하게 처벌받는 국민들도 많이 생길 겁니다. 그렇게 되면 법이 있으나 마나 한 게 되고 국민의 권리는 지켜지기 어렵게 되지요.

막둥이 뭐, 듣고 보니 그럴 것도 같네요. 하지만 전 분명히 사고를 당했는데…….

수문장 그래도 어쩔 수 없지. 억울하면 증거나 증인을 찾으라고.

루소 네, 그렇군요. 아무리 억울한 범죄를 당해도 증거가 없으면 범인을 잡아 처벌할 수 없겠네요. 증거 재판주의, 꼭 기억해야겠습니다. 오늘 토론은 여기서 마칩니다. 토론자 여러분, 감사합니다.

3장
고소

"흠, 그러니까 나더러 증인이 돼 달란 말이지?"
333호의 사정 얘기를 들은 노숙자 개미는 한결 표정이 부드러워졌습니다.
"네. 사례는 섭섭하지 않게 해 드릴게요."
"내가 그 사고를 목격하긴 했는데, 경찰이 나 같은 거지의 말을 믿어 줄지 모르겠군."
"그렇긴 하지만…… 아저씨도 이 나라의 국민이잖아요."

그 말에 노숙자 개미는 히죽 웃었습니다.

"난 이 나라 국민이 아니야. 싸우지도 못하고 일도 할 수 없다고 국적을 빼앗겼거든."

그러고 보니 노숙자 개미 역시 장애인이었습니다. 뒷다리 중 하나는 아예 없었고, 하나는 제대로 움직이지 않는 듯했습니다.

"다리가 불편하시군요."

"혹시 황토벌 전투라고 알아? 5년 전에 있었던."

"7년 전쟁 중 가장 치열하고 끔찍했던 그 싸움 말이지요?"

7년 전쟁이란 엉겅퀴 왕국이 이웃 나라인 흰개미 왕국과 벌인 전쟁이었습니다. 두 나라 여왕들끼리 말다툼하다 시작된 전쟁인데, 7년 동안이나 벌이다 서로 큰 피해를 입고 중단되었지요. 하지만 최근에는 다시 전쟁이 시작될 거라는 소문이 돌았습니다.

"나라를 위해 싸우다 다쳤는데도 국적을 빼앗나요?"

"왕국 헌법 제2조 1항 모르나? '나라를 위해 일을 할 수 없는 개미는 국민이 될 수 없다'는 조항! 일을 못하면 무조건 국민이 될 수 없다고."

"헌법에 그런 엉터리 조항이 있을 리가요."

노숙자 개미는 혀를 끌끌 찼습니다.

"한심한 녀석. 그러니까 네가 그런 꼴이 된 거야. 어쨌든 증언은 해 주지. 뺑소니 사고를 목격하고 가만있을 수만은 없잖아."

333호는 뛸 듯이 기뻤습니다.

"고맙습니다! 사례는 충분히……"

"필요 없고, 오늘은 늦었으니 내일 경찰서 앞에서 만나자고."

노숙자 개미는 귀찮다는 듯 어서 가라며 손짓을 했습니다. 333호는 다시 한번 고맙다고 인사했습니다. 그리고 뒤돌아서서 발걸음을 옮기다가 문득 중요한 걸 안 물어봤다는 생각이 들었습니다.

"저 그런데, 혹시 범인의 얼굴은 보셨나요?"

333호의 물음에 노숙자 개미는 씩 웃었습니다.

"그야 물론이지. 누군지 알고 싶나?"

"당연하죠."

"궁금하겠지만 하루만 참아. 내일 경찰서에서 알려 줄 테니까."

"왜요? 제가 미리 알아야 할 것 같은데……."

하지만 노숙자 개미는 입을 꾹 다문 채 가라는 손짓만 했습니다.

다음 날, 333호는 경찰서 앞에서 노숙자 개미를 다시 만났습니다. 노숙자 개미는 혼자가 아니었습니다. 점잖아 보이는 수개미와 함께 왔는데, 안경을 쓰고 신사복을 말끔하게 차려입은 모습이 평범해 보이지 않았습니다.

"반갑습니다. 저는 로크라고 합니다. 변호사로 일하고 있지요."

수개미가 반갑다는 듯 살짝 웃으며 손을 내밀었습니다. 333호는 쭈뼛쭈뼛하며 그 손을 잡았습니다. 그도 그럴 것이 태어나서 처음으로 귀족 개미와 해 보는 악수였거든요.

"저는 일개미 폭풍 333호입니다. 보통 때는 막둥이라고 부르고요."

"아, 그 폭풍 엄청 몰아치던 해에 태어난 분이시군요. 제가 태어날 때는 가뭄이 그렇게 심했다고 하던데. 뺑소니 사건에 대해서는 볼테르 씨한테 들어서 잘 알고 있습니다."

"볼테르 씨요?"

막둥이는 약간 어리둥절해서 노숙자 개미를 바라보았습니다.

"내가 안 가르쳐 줬나? 내 이름이 볼테르야. 그리고 이분은, 아무래도 전문가가 필요할 것 같아서 내가 힘들게 모셔 왔지."

볼테르 씨가 빙긋 웃으면서 말했습니다.

"지금 그게 중요한 게 아니고, 경찰서에 들어가기 전에 먼저 이 고소장에 서명부터 해야 해."

"고소장이라뇨?"

막둥이가 놀란 듯 묻자 로크 변호사가 말했습니다.

"제가 설명하지요. 막둥이 씨가 당한 뺑소니 사고의 범인은 보통 개미가 아닙니다. 친위대 사령관이자 여왕의 사위이지요."

막둥이는 눈이 휘둥그레졌습니다.

"여왕의 사위요? 설마 그럴 리가요."

"진짜야. 내가 두 눈으로 똑똑히 봤다고. 옛날에 군대에 있을 때 여러 번 봐서 잘 알아. 한쪽 눈이 먼 데다 덩치도 크고, 군복 앞가슴에 훈장을 주렁주렁 단 게 틀림없이 그자더군. 키클롭스."

"키클롭스……."

키클롭스는 이 나라 국민이면 누구나 아는 이름이었습니다. 친위대를 이끄는 장군으로, 여왕을 등에 업고 무지막지하게 권력을 휘두르는 자였지요. 막둥이는 머릿속이 아득해졌습니다. 평범한 일개미가 이름만 들어도 무서운 여왕의 사위를 범죄자로 잡아넣으려는 것이었으니까요.

로크 변호사가 볼테르 씨의 말을 이어받았습니다.

"그런 엄청난 권력자를 경찰이 순순히 수사할 것 같지 않아요. 증인을 내세워 신고를 해 봤자 아마 소용없을 거예요. 그러니 고소를 하는 게 좋을 것 같아요."

"고소라면……."

"고소는 법을 어기고 자기에게 피해를 입힌 개미를 처벌해 달라고 검사에게 요구하는 거예요. 고소장은 그때 제출하는 서류지요."

볼테르 씨가 이어 말했습니다.

"고소장을 받으면 경찰은 얼른 수사를 하고 그 결과와 함께 사건을 검사에게 넘겨야 해. 형사 소송법인가 하는 법에 그렇게 하도록 돼 있거든. 그러니까 일단 여기에 서명을 하라고."

막둥이는 사실 무슨 얘기인지 잘 몰랐습니다. 일개미로 태어난 탓에 학교도 제대로 못 다녔으니 어쩌면 당연한 일이었지요. 하지만 볼테르 씨가 다그치는 바람에 얼떨결에 서명을 하고 말았습니다. 그리고 고소장을 든 로크 변호사와 볼테르 씨를 따라 경찰서 안으로 들어갔습니다.

아니나 다를까, 순경은 펄쩍 뛰었습니다.

"이런 세상에! 이런 개미의 말을 믿고 여왕 폐하의 사위이자 친위대 사령관을 수사하라는 말이오? 더구나 국적도 없는 거지인데?"

"국적이 없는 거지라고 해서 증인이 못 된다는 법은 없을 텐데요?"

순경은 로크 변호사를 잠시 쳐다보더니 갑자기 껄껄 웃었습니다.

"뭐, 법? 하하하! 그래서 법대로 해 보시겠다? 저 거지를 앞세워서?"

"못 할 것도 없지요. 우리나라는 법치 국가 아닙니까?"

"으하하하!"

순경의 웃음소리가 더 커졌습니다.

"변호사님이시니 법을 잘 알겠군요. 왕국 형사 소송법 제194조 2항에 따르면 경찰은 범죄 신고를 받아도 혐의가 없을 것 같으면 수사를 하지 않아도 됩니다. 그러니 법에 따라, 수사는 하지 않을 겁니다."

그러자 로크 변호사는 기다렸다는 듯이 준비해 온 고소장을 순경에게 내밀었습니다.

"그럴 줄 알고 준비해 왔습니다. 고소장을 제출합니다."

"기어이 한번 해 보겠다는 건가요?"

순경의 목소리에는 짜증이 가득 실려 있었습니다.

"법대로 하려는 것뿐입니다. 설마 고소장조차 접수하지 않는 건 아니겠지요?"

순경은 할 수 없다는 듯 고소장을 받아 몇 장을 건성으로 넘겨 보았습니다. 그러고는 고개를 들어 로크 변호사를 보며 말했습니다.

"접수했으니 가 보세요."

어쨌든 막둥이의 고소장이 접수되었습니다. 경찰서 밖으로 나온 뒤, 막둥이는 잔뜩 겁먹은 표정으로 로크 변호사에게 물었습니다.

"이제 어떻게 되는 건가요?"

"고소장은 곧바로 검사한테 넘겨질 거예요. 그러면 검사는 수사를 시작해야 해요. 수사가 다 끝나면 기소를 할지 말지 결정을 하겠지요."

"기소라면……."

볼테르 씨가 혀를 끌끌 차며 말했습니다.

"참 무식한 녀석이구먼. 검사가 법원에 재판을 요구하는 게 기소잖아. 그러니까 검사가 네가 당한 뺑소니 사건을 법원에 넘기는 거야. 그러면 재판이 열려서 우리가 고소한 개미가 죄가 있는지 없는지 판사가 결정하는 거지."

"그렇군요. 그러면 검사가 기소하지 않을 수도 있겠네요?"

"그렇지. 솔직히 말하면 그럴 확률이 높다고 본다. 이 나라는 법대로 돌아가는 나라가 아니거든."

하지만 로크 변호사는 조금 생각이 다른 듯했습니다.

"수사도 제대로 안 할 가능성이 크긴 하지요. 하지만 요즘 키클롭스는 왕실에서도 별로 환영을 받지 못하고 있어요. 여왕과 몇몇 귀족들 말고는 아무도 좋아하지 않는 것 같던데요?"

"변호사님 말씀은, 키클롭스가 기소될 수도 있다는 건가요?"

"그렇습니다. 검사만 잘 만나면요."

사실 엉겅퀴 왕국은 법만 잘 지켜졌어도 지금보다 훨씬 좋은 나라가 되었을 것입니다. 꼭 10년 전에 일어난 혁명, 즉 2월 혁명으로 만들어진 엉겅퀴 왕국의 헌법과 그 밖의 법들은 매우 민주적이었으니까요. 그때 만든 헌법에 따르면 여왕은 정치에 참견할 수가 없고, 귀족들은 모든 특권을 빼앗겨야 했습니다. 신분이나 계급도 모두 없어져야 했고요.

하지만 1년 뒤, 여왕을 따르는 군인들이 반란을 일으켜 2월 혁명 때 만들어진 민주 정부를 내쫓아 버렸습니다. 덕분에 나라는 다시 엉망이 되고 말았습니다.

군인들은 헌법을 고쳐서 여왕과 귀족들에게 특권을 되찾아 주었고, 신분과 계급도 되살려 놓았습니다. 그때 헌법에 들어간 내용이 바로 '여왕은 국가 안보와 국민의 행복을 위해 나랏일을 돌볼 권리가 있다'는 거였습니다.

여왕 경호 특별법이며 귀족 존중법, 언론 제한법 같은 나쁜 법률들도 마구 만들어졌습니다. 엉겅퀴 왕국의 민주주의는 채 꽃피우지 못하고 다시 여왕이 마음대로 다스리는 나라가 되고 만 것입니다.

"물론 기소한다고 꼭 처벌하는 건 아니겠지만, 재판이 공정하게 이루어질지는 의문이에요. 최고 권력자인 여왕이 가만있을 리도 없고요."

"그렇겠지요. 사실 여왕이 큰 문제예요."

볼테르 씨가 고개를 끄덕이며 말했습니다. 불안한 표정의 막둥이가 다시 끼어들었습니다.

"그럼 전 이제 뭘 해야 하나요?"

"막둥이 씨는 검사한테 연락이 올 때까지 기다릴 수밖에 없겠네요. 검사가 기소를 할지 말지 결정하면 고소한 개미에게 연락을 해 주게 돼 있거든요."

"만약 기소를 안 한다고 하면 어떡하죠?"

"그거야 그때 가서 생각해 보자고. 그건 그렇고 막둥이 자네, 오늘 뭐 할 거야?"

갑자기 진지해진 얼굴로 볼테르 씨가 물었습니다.

"특별히 할 일은 없는데요."

"그럼 나하고 어디 좀 가자. 소개해 줄 개미들이 있어."

막둥이는 대답하지 않고 잠시 머뭇거렸습니다. 특별히 할 일은 없었지만, 너무 피곤해서 쉬고 싶었거든요. 하지만 볼테르 씨가 목발로 막 미는 바람에 미처 거절할 틈도 없이 끌려갔습니다.

로크 변호사가 웃으며 인사를 했습니다.

"저는 그럼 다음에 또 뵙지요."

"오늘 수고 많으셨습니다. 조만간에 다시 한번 찾아뵙겠습니다."

볼테르 씨와 인사를 나눈 로크 변호사는 어딘가로 타박타박 걸어갔습니다. 그 모습을 멍하니 지켜보던 막둥이가 볼테르 씨에게 물었습니다.

"어떻게 저런 분을 모셔 왔죠?"

"넌 몰라도 돼."

볼테르 씨는 어서 가자며 다시 목발로 막둥이를 밀어 댔습니다. 두 개미는 목발을 짚고서 나란히 걸었습니다. 그때까지도 막둥이는 자신이 얼마나 엄청난 일에 말려들었는지 전혀 알지 못했습니다.

이런 법 저런 법

형사 소송법

다른 사람의 생명이나 재산에 피해를 끼치는 범죄를 수사하여 범죄자를 기소하고, 재판하며, 형벌을 집행하는 절차를 정한 법들을 '형사 소송법'이라고 해. '형사 소송법'이라는 이름의 법률을 꼭 집어서 부르는 이름이기도 하지.

경찰과 검사

국민의 생명과 재산을 보호하고 사회의 공공질서를 지키기 위해 범죄 수사와 범죄자 체포 등의 활동을 하는 걸 '경찰'이라고 해. 하지만 보통 그런 일을 맡아서 하는 정부 기관이나 공무원을 가리키지. 특히 범죄를 수사하고 범인을 체포하며 검사의 기소를 돕는 경찰을 사법 경찰이라고 해.

'검사'는 형사 사건을 심사해 법원에 재판을 요청하는 일을 맡은 공무원이야. 다른 사람의 생명과 재산에 피해를 끼치는 강도, 살인, 절도, 폭행 같은 범죄를 저질렀다고 판단되는 사람을 법원에 넘겨 재판을 받도록 하는 사람이지. 특히 우리나라에서는 경찰의 수사를 지휘하는 일까지 맡고 있어.

고소와 고발

'고소'는 범죄로 피해를 입은 사람이 경찰이나 검사에게 신고하여 범죄자를 처벌해 달라고 요청하는 걸 말해. 고소가 들어오면 경찰이나 검사는 얼른 수사를 시작해야 해. 그런 다음 재판을 요청할지 말지 결정해서 고소한 사람에게 알려 주어야 하지.

'고발'도 범죄자를 신고하여 처벌해 달라고 하는 일이야. 다만 피해자가 아닌 다른 사람이 한다는 점이 고소와 달라. 예를 들면 철수라는 사람이 영수라는 사람을 폭행하는 사건이 벌어졌을 때, 영수가 신고하여 철수를 처벌해 달라고 하는 것은 고소야. 하지만 그 사건을 본 경식이라는 사람이 신고하고 철수를 처벌해 달라고 하는 것은 고발이야.

기소

경찰이 범죄를 수사하고 나면, 검사는 범죄 혐의자에게 범죄 혐의가 있는 것 같으면 기소를 하고, 범죄 혐의가 없는 것 같으면 불기소를 해. '기소'란 검사가 법원에 공소를 제기하는 것을 말하고(기소는 '공소의 제기'를 줄인 말이라고 할 수 있어), '불기소'는 공소를 제기하지 않는 것을 말하지.

공소는 검사가 법원에 특정 형사 사건의 재판을 요청하는 것을 말해. 즉, 기소는 검사가 범죄 혐의자에 대해 법원에 재판을 신청하고 절차를 밟는 일이라고 할 수 있어.

검사 동일체의 원칙

검사는 한 사람 한 사람이 바로 독립된 하나의 국가 기관이야. 그래서 국가를 대표하여 스스로 판단하고, 수사나 기소를 결정하거나 취소할 수 있어. 하지만 그런 검사들도 검사들의 조직에 속해 있어서 자기보다 높은 위치에 있는 검사의 명령에 따라야 해. 이것을 '검사 동일체의 원칙'이라고 불러. 검사는 이런 점에서 조직의 영향을 받지 않고 독립적으로 재판을 할 수 있는 판사하고 다르지.

잠깐 인터뷰

고소나 고발이 들어오면 수사해야
– 왕궁 경찰서 포돌스키 순경 인터뷰

질문자 〈월간 민주주의〉 촘스키 기자

촘스키 지금 경찰서에서 하는 일은 무엇인가요?

포돌스키 시민들의 여러 가지 신고와 고소, 고발을 접수합니다.

촘스키 신고나 고소, 고발은 많이 들어오나요?

포돌스키 꽤 많이 들어옵니다. 하루에 몇십 건은 되죠.

촘스키 범죄 피해자들이 많은가 보죠?

포돌스키 요즘 같은 민주화 시대에 그럴 리가 있겠소? 게으르고 할 일 없는 자들이 괜히 한 번씩 해 보는 거지.

촘스키 뭐, 그렇다 치고요. 시민들의 범죄 신고나 고소, 고발이 들어오면 어떻게 처리하십니까?

포돌스키 제가 일단 판단해서 수사할 만한 범죄다 싶으면 수사팀에 서류와 증거를 넘깁니다. 그러면 담당 경찰들이 수사를 시작해요. 그리고 수사 결과를 검사한테 보냅니다.

촘스키 이번에 엄청난 고소 사건이 있었다던데요. 친위대 사령관이 뺑소니 사고 피해자한테 고소당했지요?

포돌스키 그렇습니다.

촘스키 수사는 하고 있나요?

포돌스키 고소나 고발이 들어오면 일단 수사를 할 수밖에 없어요. 법에 그렇게 규정돼 있으니까요.

촘스키 법대로 하신다는 건가요? 하지만 평소의 경찰을 생각해 보면 놀라운데요? 경찰이 법을 무시하는 일이 많잖아요. 특히 권력자들이 관련된 경우에 말이지요.

포돌스키 지금 싸우자는 건가요? 우리 경찰을 도대체 뭘로 보는 거요?

촘스키 아이고, 죄송합니다. 워낙 그런 소리를 많이 들어서요. 그나저나 담당 검사가 기소를 할 것 같습니까?

포돌스키 검사가 알아서 하는 건데 경찰인 내가 어떻게 알겠습니까?

촘스키 혹시 왕실에서 압력은 없었나요? 고소 대상은 여왕의 사위이기도 한데.

포돌스키 그런 일 없었다니까요!

촘스키 이런, 제가 또 실수를 했네요. 아무튼 성실하게 인터뷰에 응해 주셔서 고맙습니다.

4장
회오리 클럽

엉겅퀴 왕국에 밤이 찾아왔습니다. 한여름이라도 해가 지면 지하 거주지는 꽤나 서늘해집니다. 이 시간에 개미들은 대부분 활동을 멈추고 쉬거나 잠을 자지요. 하지만 바로 그때 시민 거주지 지하 36층의 어느 방에서는 진지한 토론이 벌어지고 있었습니다.

"10년 전의 혁명을 모두 기억하십니까? 그때 우리 국민들은 민주주의를 위해 많은 희생을 치렀습니다. 일개미와 병정개미들이 앞장섰기 때문

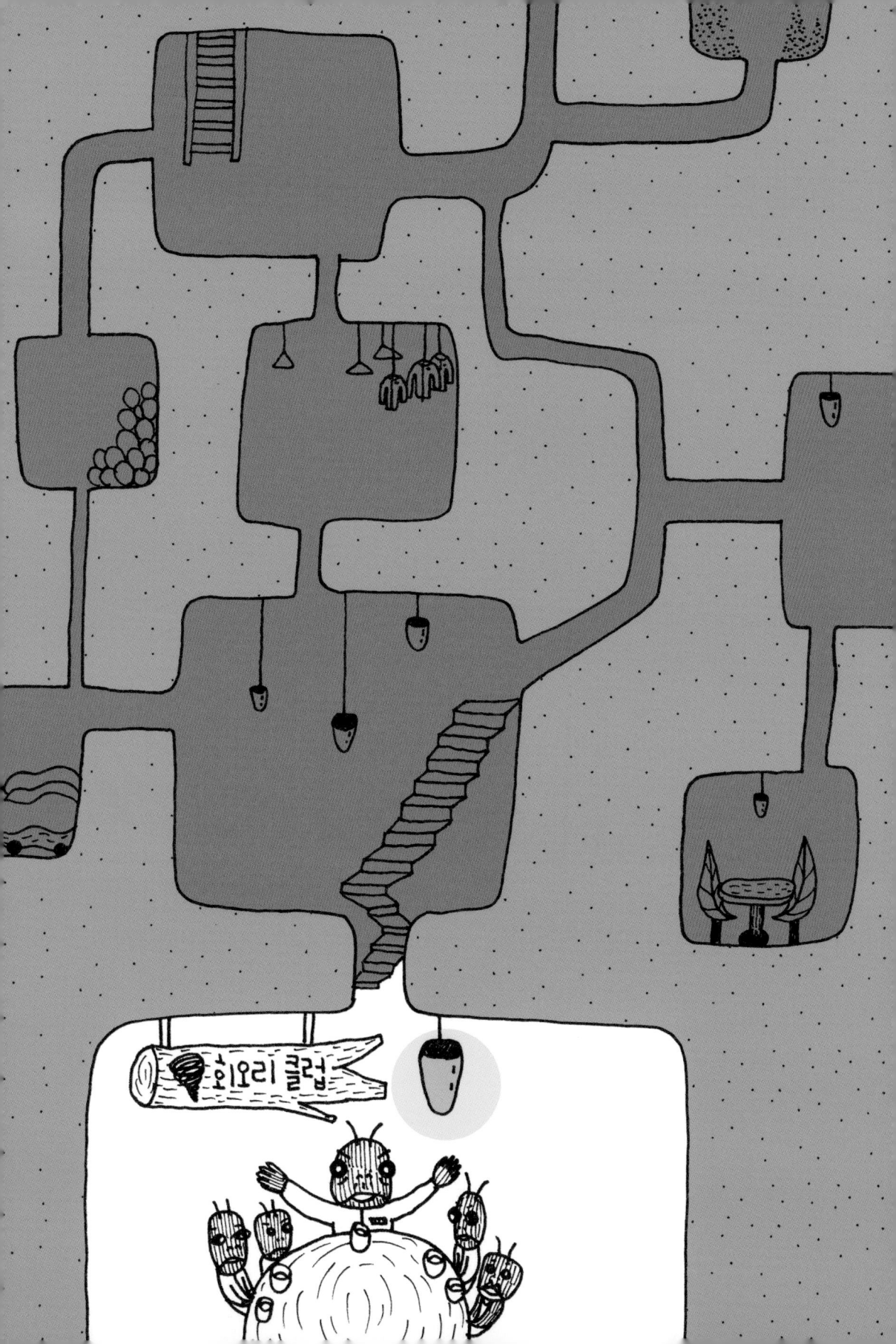

에 가장 많은 피를 흘렸지만, 수개미들이나 노예 개미들의 피해도 적지 않았지요. 그렇게 힘들게 여왕의 독재 정부를 무너뜨리고 만든 것이 민주적인 혁명 헌법이었습니다."

차분하면서도 굳은 의지가 담긴 목소리로 연설을 하는 개미는 배가 공처럼 부푼 꿀단지개미였습니다. 꿀단지개미는 스무 명쯤 되는 개미들을 둘러보며 말을 이었습니다.

"하지만 그 헌법이 자리를 잡기도 전에……."

꿀단지개미는 감정이 복받치는지 잠시 말을 멈추었습니다. 그리고 탁자 위의 컵을 들고 물을 한 모금 마셨습니다.

"휴, 헌법이 자리 잡기도 전에 군인들의 반란으로 민주 정부가 무너져 버렸습니다. 헌법이 바뀌고 여왕이 권력을 다시 빼앗아 가면서 이 나라는 숨 막히는 독재의 왕국이 되고 말았습니다."

여기저기에서 탄식이 터져 나왔습니다. 개미들은 다들 표정이 무겁고 우울해 보였습니다. 막둥이조차 기분이 가라앉을 정도였지요.

"자, 이제 어떡해야 할까요. 우리가 바라는 건 단 하나, 민주주의 아니겠습니까. 그걸 얻기 위해 우리는 지난 10년 동안 열심히 싸웠습니다."

꿀단지개미는 분위기를 바꾸려는 듯 목소리를 조금 키웠습니다. 그러자 말을 할 때마다 풍선 같은 배가 씰룩거렸습니다.

"크크."

막둥이는 자기도 모르게 웃고 말았습니다. 물론 입을 가리고 아주 작게요. 하지만 방 안이 워낙 조용해서 그 소리가 들렸나 봅니다. 옆에 있던 볼테르 씨가 팔꿈치로 막둥이의 옆구리를 툭 쳤습니다.

그러는 중에도 연설은 계속되었습니다.

"하지만 안타깝게도 크게 변한 건 없습니다. 지금도 많은 시민들이 억압과 차별 속에 고통을 겪고 있습니다."

이 대목에서 꿀단지개미의 목소리는 다시 축 처져 버렸습니다. 그와 함께 배도 좀 쭈그러들었습니다.

"소수의 힘 있는 자가 다수의 힘없는 자를 괴롭히고 부려 먹는 일이 여전히 눈앞에서 벌어지고 있습니다. 엄연히 법치주의를 내세우는 나라인데도 법은 있으나 마나 합니다. 이런 상황에서 도대체 우리가 무엇을 할 수 있을까요. 정말 답답합니다."

방 안에 잠시 무거운 침묵이 흘렀습니다. 헛기침 소리 하나 들리지 않았고, 숨 쉬는 소리조차 들릴 정도로 고요했습니다.

"루소 씨 말씀 잘 들었습니다만."

마침내 침묵을 깨고 이야기를 시작한 건 유모 개미 장마 54호였습니다. 보통 로자 아주머니라고 불리는 나이 많은 개미로서, 노예 출신의 일개미였지요.

"저와 생각이 좀 다르시네요. 저는 지금 상황이 마냥 답답하지만은 않다고 생각합니다. 물론 그동안 크게 변한 건 없지요. 하지만 2월 혁명으로 얻은 헌법과 법률들이 있고, 우리에게는 독재자들과 싸워 이긴 경험이 있지 않습니까?"

막둥이는 다시 눈이 똥그래져서 지켜보았습니다. 멋모르고 볼테르 씨를 따라왔지만, 이런 구경을 하게 될 줄은 몰랐습니다. 더구나 그냥 마음씨 좋은 아주머니, 아저씨 같기만 하던 유모 개미와 꿀단지개미가 저런 멋진 말을 하리라고는······.

로자 아주머니는 우렁찬 목소리로 연설을 이어 나갔습니다.

"이것만으로도 이 나라 시민들은 옛날과 완전히 다릅니다. 다시 말해 옛날과 같은 독재 정치는 이제 불가능하다는 거예요. 비록 지금은 잠잠하지만, 뭔가 계기만 생기면 시민들은 다시 싸우러 나설 겁니다."

"나도 그렇게 생각한다우."

아니, 저 개미가 누군가요? 로자 아주머니의 말을 받은 개미는 바로 업복이 아저씨, 곧 병정개미 무더위 27호였습니다. 막둥이는 기가 막혔습니다. 세상에, 같은 병실에 있던 그 병정개미도 한패였다니요!

"지금 상황이 절망스럽긴 하지만, 이 나라의 역사를 이해하고 보면 꼭 그렇지만은 않아요. 지금까지 우리 국민들은 민주주의를 향해 한 발 한 발 전진을 해 왔어요. 그리고 지금은 어느 때보다도 민주주의에 가까이

다가서 있습니다."

게다가 말도 유창하게 잘했습니다. 주위에서 흔히 보던 늙은 개미의 모습이 아니었습니다. 막둥이는 뭔가 속은 것 같은 느낌이 들었습니다.

"우리는 넓게 보고 길게 생각해야 해요. 그래야만 싸워서 이길 수 있고, 민주주의라는 목표에 다가설 수 있어요."

업복이 아저씨의 말이 끝나자 박수 소리와 함께 "옳소, 옳소."라는 말이 터져 나왔습니다. 그러자 루소 씨가 다시 입을 열었습니다.

"맞는 말씀입니다. 제가 잠시 마음이 약해졌나 봅니다. 민주주의는 분명 쉽게 얻을 수 있는 게 아니지만, 열심히 노력하고 싸우면 얻지 못할 리도 없지요."

루소 씨는 쑥스러운 듯 살짝 머리를 긁적였습니다. 그러자 이번에는 볼테르 씨가 껄껄대며 말했습니다.

"천하의 루소 선생께서도 마음이 약해질 때가 있군요. 하하."

"나라고 별 수 있겠소. 볼테르 선생도 아마 마찬가지일걸요?"

"저는 더 심하지요. 하하."

갑자기 분위기가 밝아지고, 다들 언제 그랬느냐는 듯이 웃고 떠들었습니다. 마치 잠깐 연극이라도 한 것 같았습니다.

'이게 뭐람? 아까는 그렇게 무게를 잡더니······.'

막둥이는 조금 어이가 없었습니다.

"그런데 볼테르 씨 옆에 있는 분은 오늘 처음 참가한 거지요? 저야 얼굴을 알지만, 모르는 분들이 있으니 자기소개나 한번 하시지요?"

갑작스런 루소 씨의 말에 막둥이는 얼굴이 빨개졌습니다.

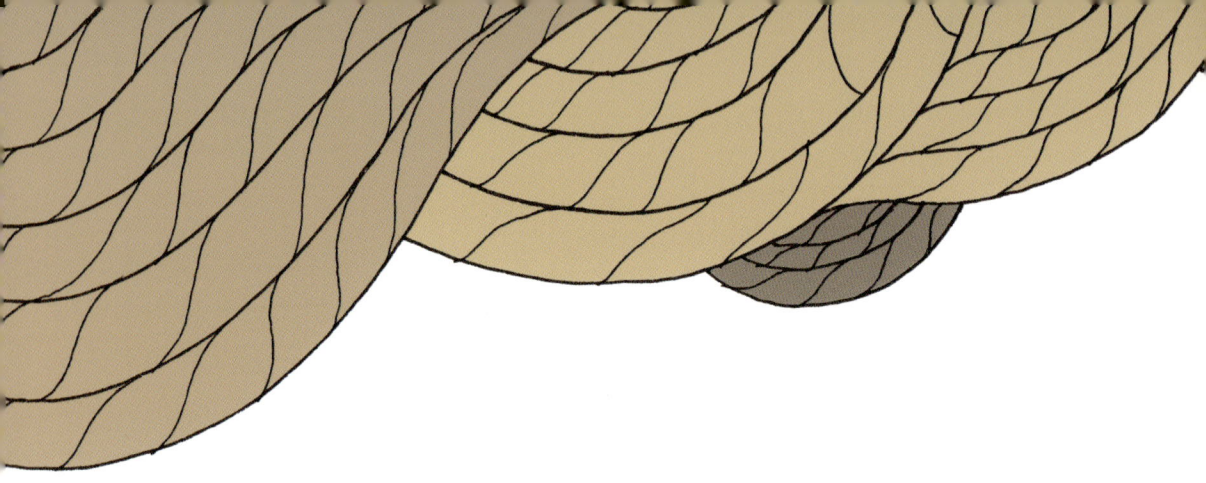

"뺑소니 사고로 경찰서에 갔던 것으로 아는데 어찌 됐는지도 얘기해 주시고요."

방 안에 있던 개미들이 일제히 막둥이를 바라보았습니다. 막둥이는 할 수 없이 자리에서 일어나 꾸벅 인사를 했습니다. 그러고는 무슨 말을 해야 할지 몰라서 머뭇거리는데, 고맙게도 볼테르 씨가 나서서 소개를 해 주었습니다.

"이 친구는 보시다시피 일개미고요, 이름은 막둥이랍니다. 정식 이름은 뭐였더라?"

"폭풍 333호요."

"아, 맞아! 폭풍이 많던 해에 태어났다고 했지? 아무튼 성실한 일개미인데, 안타깝게도 얼마 전에 큰 사고를 당했지요. 나머지는 자네가 직접 말씀드리게."

"그러니까…… 그게……"

막둥이는 조금 더듬거리면서 고소장을 제출할 때까지 벌어진 일들을 자세히 설명했습니다. 그러자 개미들은 하나같이 눈이 휘둥그레졌습니다. 그건 로자 아주머니도 마찬가지였습니다.

"정말이냐? 네가 여왕의 사위를 고소했다고?"

"네. 볼테르 아저씨가 하도 하라고 해서 얼떨결에……"

"경찰서에 신고도 안 하겠다더니 잘하면 법정에도 서겠구나. 하하."

업복이 아저씨는 뭐가 그리 즐거운지 껄껄 웃어 댔습니다. 하지만 루소 씨는 역시나 침착한 표정으로 격려해 주었습니다.

"이제부터 정말 쉽지 않을 거야. 국민을 대표해서 정의를 세운다는 생각으로 잘 참고 이겨 내라고. 좋은 결과가 있을 거야."

하지만 막둥이는 기겁을 했습니다.

"국민을 대표하다니요? 정의는 또 뭐예요?"

"겁먹을 거 없어. 국민을 대표하는 게 별거냐. 그냥 한 시민으로서 당당하게 자기 권리를 주장하는 것뿐이지."

볼테르 씨가 달래 주었지만, 막둥이는 점점 더 겁이 났습니다. 자기가 도대체 뭘 하고 있는지, 해도 되는 건지 알 수가 없었습니다. 당장 볼테르 씨에게 끌려온 이 모임이 뭔지도 몰랐지요. 그래서 회의 도중 분위기가 어수선해진 틈을 타 볼테르 씨에게 살짝 물어봤습니다.

"아저씨, 이곳은 뭐 하는 곳인가요?"

"이 나라의 민주주의를 걱정하는 개미들의 모임. 우리끼리는 회오리 클럽이라고 부르지. 너도 가입하는 게 어떠냐. 그러라고 일부러 데려온 건데."

"네? 아뇨, 전 안 해요."

"재판이 열리게 되면 이 개미들이 큰 도움이 될 텐데? 뭐, 싫다면 할 수 없지만."

"그런데 왜 이름이 회오리 클럽인가요?"

"별 이유 없어. 처음 모였을 때 밖에서 커다란 회오리바람이 일어났거든. 정말 무시무시했지. 다행히 우리나라를 살짝 비켜 가긴 했지만. 아무튼 그래서 그런 이름을 붙였단다."

"아저씨는 그냥 노숙자 거지인 줄 알았는데 아니었군요."

"아니긴. 동냥해서 먹고사니 거지는 거지지. 하하."

"쳇!"

막둥이의 소개가 끝나고 나서도 한참 토론이 이어졌습니다. 하지만 막둥이는 무슨 말인지 알아듣기 어려웠습니다. 그리고 사실 별로 듣고 싶

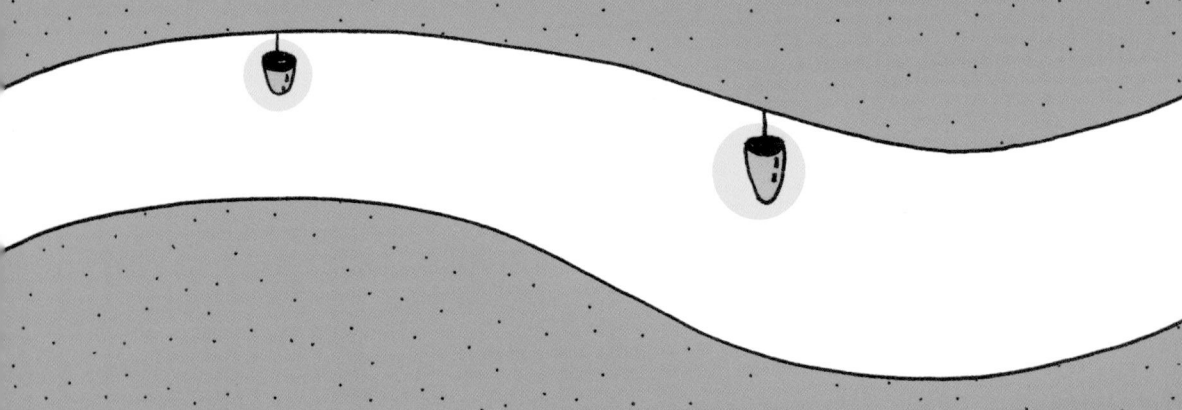

지도 않았습니다. 그저 앞으로 재판이라도 열리게 되면 어찌해야 할지 걱정스럽기만 했습니다.
 그런데 2주일 뒤, 마침내 그 두려움이 현실이 되고 말았습니다. 검사에게서 기소했다는 통지서가 날아왔거든요.

이런 법 저런 법

법원과 재판

'재판'이란 개인과 개인, 국가와 개인 사이에 법적인 다툼이나 범죄 행위가 일어났을 때 국가가 법에 따라 판단을 내리고 해결해 주는 절차를 말해. 재판을 맡아서 처리하는 기관이 바로 법원이야.

재판의 종류

재판은 다루는 사건에 따라 몇 가지로 나뉘어. 우리가 흔히 아는 재판은 민사 재판과 형사 재판이지만, 그 밖에도 행정 재판, 가사 재판, 헌법 재판, 선거 재판 등이 있어.

- 민사 재판: 개인들 사이에 생긴 다툼을 법에 따라 해결해 주는 재판.
- 형사 재판: 범죄 혐의를 받은 사람에 대하여, 그 사람이 죄를 저질렀는지, 죄를 저질렀다면 어떻게 처벌할지 결정하는 재판.
- 행정 재판: 행정 기관이 법에 어긋나는 일을 하여 개인이 손해를 입었을 때 그 일을 취소하거나 변경하여 피해를 구제하기 위한 재판.
- 헌법 재판: 헌법의 의미 해석을 둘러싼 다툼을 해결하여 국가 기관이 헌법을 잘 지키도록 하고, 국민의 자유와 권리를 보장하기 위한 재판.
- 가사 재판: 가족 및 친족 사이의 다툼과 가정에서 일어나는 사건을 다루는 재판. 이혼 소송이나 결혼 문제, 자녀 양육, 친자 확인, 재산 상속 문제 등을 다룸.
- 선거 재판: 선거 무효와 당선 무효 등 선거 소송 사건을 다루는 재판.
- 군사 재판: 군대와 병사에 관련된 문제를 해결하기 위한 재판.

형사 재판이 이루어지는 과정

1. 범죄 신고나 고소, 고발이 들어와 사건이 접수된다.
2. 경찰이 사건을 수사하고 수사 결과를 검사에게 보고한다.
3. 검사는 범인에게 혐의가 있다고 생각하면 법원에 공소장을 제출하여 기소하고, 혐의가 없다고 생각하면 불기소한다.

4. 재판 날짜가 정해진 뒤 재판이 열린다. 피고인 신문과 증거 조사 등을 토대로 판결이 내려진다.

5. 유죄이면 벌을 받는다.

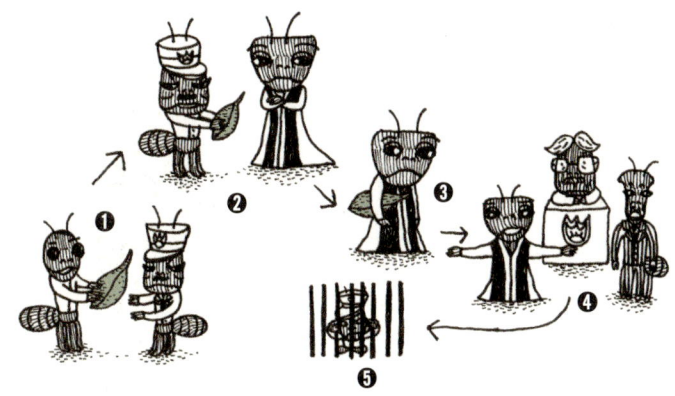

판사

재판을 맡아서 이끌고 판결을 내리는 사람을 판사라고 해. 판사는 대법원, 고등 법원, 지방 법원, 가정 법원 같은 여러 법원에 속해 있어. 대법관은 국회의 동의를 얻어 대통령이 임명하고, 일반 법관은 대법관 회의의 동의를 얻어 대법원장이 임명하지.

피의자와 피고인

죄가 있다는 의심을 받고 경찰의 수사를 받지만 아직 기소되지는 않은 사람을 피의자, 기소되어 재판을 받는 사람을 피고인이라고 해. 따라서 피의자도 기소된 다음부터는 피고인이 되는 거야.

변호사

보통 사람들은 법률이나 재판 절차에 대해 잘 몰라. 그래서 재판을 받게 되면 대개 법률 전문가의 도움을 받지. 이렇게 재판받는 사람을 도와주는 사람을 변호사라고 해. 변호사는 재판 준비에서부터 재판에 직접 참석하여 변호하는 일까지 의뢰인의 권리를 두루 보호해 주는 일을 해.

헌법이 그렇게 중요한가?

참석자 막둥이, 업복이, 로자, 볼테르
사회자 루소

루소 잠깐 토론 시간이 다시 돌아왔습니다. 오늘의 주제는 헌법입니다. 정확히 말하면 '헌법이 뭐가 그렇게 중요한가'입니다. 먼저 막둥이 님부터 말씀하시죠.

막둥이 아까 보니 말끝마다 헌법이고, 헌법이 망가지고 지켜지지도 않아서 나라가 엉망이라고 하시던데 전 잘 이해가 안 가거든요. 그까짓 헌법, 좀 안 지키면 어떤가요? 그게 그렇게 중요한가요? 형법이나 민법처럼 우리 생활과 밀접히 관련되어 있는 것도 아니고요.

루소 그러니까 헌법이 왜 그렇게 중요한 건지 모르겠다는 말씀이시죠? 막둥이 님의 이 말씀, 다른 분들은 어떻게 생각하시는지요? 네, 업복이 님.

업복이 쯧쯧, 한심한 녀석······.

루소 업복이 님, 토론회 중이니 말씀을 좀 가려서 해 주세요.

업복이 아, 죄송합니다. 너무 한심해서 그만······. 막둥이 님, 헌법이란 게 국가를 유지하고 운영하는 큰 원리가 되는 법이라는 건 아시죠?

막둥이 그야 알죠. 하지만 그게 없어도 다른 법들이 있으니 별 문제 없는 거 아닌가요?

업복이 그걸 말이라고 하니, 이놈아!

루소 업복이 님 진정하시고요, 다른 분 말씀 들어 보죠. 네, 로자 님 말씀하세요.

로자 음, 이렇게 생각해 보죠. 우리가 건물을 지을 때 가장 먼저 하는 일이 뭘까요? 바로 설계도를 그리는 거예요. 건물의 크기와 모양, 구조가 그 설계도에서 결정되지요. 헌법은 바로 그런 설계도와 같아요. 한 국가와 사회가 헌법에 정해진 대로 만들어지고 운영되는 겁니다.

볼테르 건물의 토대와 비슷하기도 하죠. 헌법이라는 토대 위에 수많은 법이 들어서니까요. 헌법이 없으면 제대로 된 법이 만들어질 수도 없고, 만들어졌다 해도 제구실을 하지 못하게 됩니다.

업복이 그러니 헌법이 망가지거나 없어지면 나라고 정부고 국민이고 모두 엉망이 되어 버리지 않겠습니까? 헌법은 나라의 틀을 세우고, 정부가 해야 할 일을 정하고, 국민의 기본권을 지켜 주는 가장 중요한 법이니까요.

로자 좋은 건물을 지으려면 설계도를 제대로 그리고 토대를 튼튼하게 쌓아야 하는 것처럼, 민주주의 국가나 사회를 만들려면 헌법이 민주적이어야 하는 거죠.

루소 그렇군요. 헌법은 가장 힘이 센 법, 법들의 법인 셈이로군요. 막둥이 님, 이해가 좀 되시나요?

막둥이 헌법이 그렇게 중요한 법이었군요. 쉬운 비유로 설명해 주시니 알겠습니다.

루소 헌법이 망가지면 국가가 망가지고 민주주의가 망가집니다. 헌법의 소중함을 다시 한번 생각하면서 오늘 토론을 마치겠습니다. 모두 수고하셨습니다.

5장
왕실 비밀회의

 9월 8일 오전 10시 정각, 검찰청 중앙 회의실에서 키클롭스 장군을 기소한 디드로 검사의 기자 회견이 열렸습니다. 디드로 검사는 먼저 미리 준비한 간단한 발표문을 읽었습니다.

 국민 여러분께 드리는 글
 오늘 국민 여러분께 이 나라의 민주주의를 위해서 매우 중대하고 큰 의미가 있는 발표를 하려고 합니다.
 이미 소문을 들으신 분도 있겠지만, 조금 전에 저는 여왕 폐하의 사위이자 왕실 친위대 사령관인 키클롭스 장군을 도로 교통법 제50조 위반, 곧 '뺑소니 사고'를 저지른 혐의로 기소했습니다. 머지않아 재판 날짜가 정해져서 사건 당사자들에게 통보될 것입니다.
 이번 조치는 이 나라의 민주주의와 국민의 기본권을 지키기 위해 내린 어쩔 수 없는 결단이었습니다. 이 점, 왕실과 국민 여러분께서 이해해 주시리라 믿습니다.

엉겅퀴 9년 9월 8일
중앙 검찰청 검사 디드로

발표가 끝나자 기자들의 질문이 쏟아졌습니다.

"뺑소니 사고는 언제, 어디서 일어난 건가요?"

"지난 7월 3일에 성문 앞에서 일어났습니다. 오늘이 9월 8일이니까 약 두 달 전이네요."

첫 번째 질문에 디드로 검사가 침착하면서도 분명한 말투로 답했습니다. 곧바로 다음 질문이 이어졌습니다.

"어떻게 수사를 시작하게 됐나요? 신고가 들어왔습니까?"

"2주 전에 피해자가 고소를 했습니다."

"귀족 존중법에 따르면, 귀족은 범죄를 저지르다 그 자리에서 잡힌 게 아니거나 둘 이상의 증인이 없으면 기소할 수 없을 텐데요?"

"범죄 현장에서 체포되지는 않았지만 증인은 충분합니다."

"형사 소송법에 따르면 고소로 수사가 시작되면 3개월 안에 기소를 할지 말지 결정하면 됩니다. 그런데도 이렇게 빨리 기소한 특별한 이유가 있습니까?"

"혐의가 너무나 확실해서 수사를 길게 할 필요가 없었습니다."

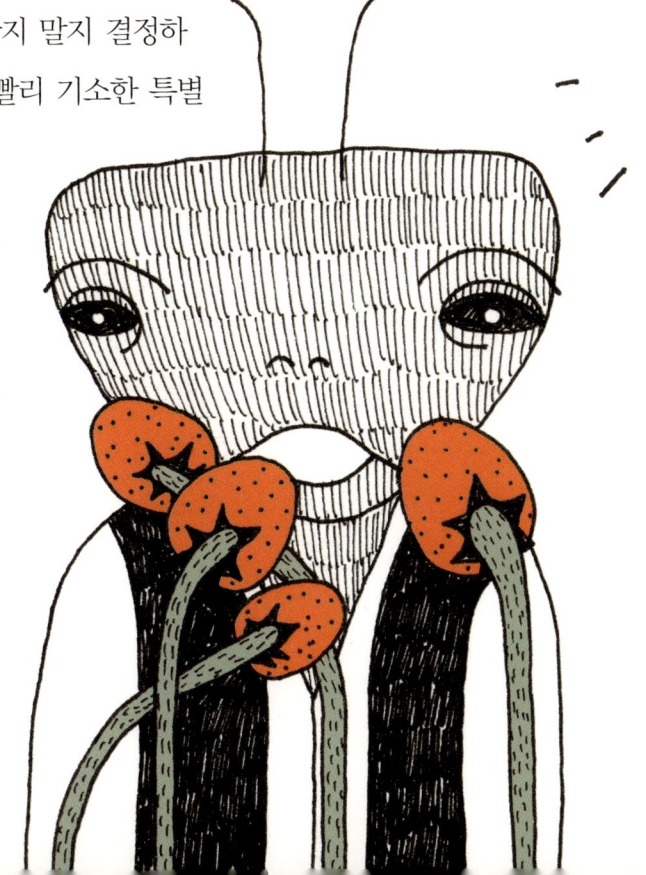

"키클롭스 장군을 구속할 필요는 없었나요?"

"증거를 없앨 염려가 없고, 또 왕실 귀족이자 친위대 장군이시라 특별히 구속할 필요는 없었습니다. 대신 키클롭스 장군의 부관 한 명을 몰래 불러서 조사했습니다."

"법원에서 유죄 판결을 받을 수 있다고 확신하나요?"

"글쎄요……."

질문을 받자마자 자신 있게 대답하던 디드로 검사가 이 질문에는 쉽게 답하지 못하고 뜸을 들였습니다.

"어쨌거나 사법부니까 삼권 분립의 원리에 따라 공정한 판단이 내려지지 않겠습니까?"

"하지만 지금까지 법원은……."

"죄송하지만 그 질문은 받지 않겠습니다. 다른 질문 없습니까?"

"혹시 왕실의 압력은 없었습니까?"

"그 질문에는 답하지 않겠습니다. 이제 질문은 그만 받겠습니다. 감사합니다."

기자들의 질문이 계속 쏟아졌지만, 디드로 검사는 못 들은 척 자리를 떠나 버렸습니다.

같은 날 오후, 왕궁에서는 긴급 비밀회의가 열렸습니다. 왕궁 회의실에는 여왕 엉겅퀴 3세를 비롯하여 귀족들과 높은 관리들, 그리고 장군들이 굳은 표정으로 앉아 있었습니다.

"아무리 생각해도 말이 안 되는군요. 이건 여왕 폐하에 대한 모독입니

다. 어떻게 한낱 검사 따위가 여왕 친위대 사령관에게 저런 짓을 할 수 있는 겁니까?"

승려 라스푸틴이 목청을 높였습니다. 덥수룩한 수염 때문에 가뜩이나 우락부락한 얼굴이 험상궂게 일그러졌습니다.

"여러분도 그래요. 저런 검사 하나를 못 막는다는 게 말이 됩니까? 도대체 그동안 뭐 하신 겁니까?"

라스푸틴은 이웃 흰개미 왕국에서 귀화한 승려로, 아부를 잘하여 여왕 엉겅퀴 3세의 총애를 받고 있었습니다. 그 덕분에 위세가 하늘을 찔러, 다른 귀족들에게는 눈에 보이는 게 없는 망나니라고 손가락질을 받았습니다.

"그만 좀 하시지요. 우리라고 손 놓고 있었는 줄 아십니까? 협박을 해도 안 듣는 걸 어떡합니까?"

법무부 장관이 짜증을 내며 대꾸했습니다. 그러자 라스푸틴은 '오냐, 너 잘 걸렸다.'라는 듯한 표정으로 호통을 쳤습니다.

"이보세요, 법무부 장관님! 그걸 지금 핑계라고 대세요? 그 검사 녀석이 2주 동안 수사하면서 키클롭스 장군 부관을 부르기까지 했다던데, 그동안 어디 휴가라도 가 있었나요?"

총리도 거들었습니다.

"검찰 총장은 도대체 뭐 하는 작자인가요? 검사들은 반드시 검사 조직 안에서 상사의 명령을 따라야 한다는 검사 동일체의 원칙은 엿이라도 바꿔 먹었답니까? 그깟 검사 하나 마음대로 못 다룰 거면 지금 당장 사표 내라고 하세요."

법무부 장관이 답답한 얼굴로 한숨을 쉬었습니다.

"다 아시겠지만, 법무부 장관이 직접 검사의 기소를 막을 수는 없어요. 그래서 검찰의 우두머리인 검찰 총장에게 압력을 넣어야 하는데, 검찰 총장이 사흘 전에 갑자기 몸이 아프다며 휴가를 내고 사라졌지 뭡니까! 게다가 그 검사가 수사를 워낙 귀신같이 해치워서 손쓸 틈도 별로 없었습니다."

라스푸틴은 잔뜩 인상을 찌푸렸습니다.

"안 그래도 검찰 총장이 좀 수상하다 싶었는데……."

지켜보기만 하던 여왕이 모처럼 입을 열었습니다.

"이제 와서 누구 탓을 하고 그럴 필요는 없어요. 어차피 기소가 됐으니 이제 무죄 판결을 받게 해야지요."

그러자 키클롭스 대신 회의에 참석한 친위대 부사령관이 재빨리 말을 받았습니다.

"여왕 폐하 말씀이 맞습니다. 당장 법원에 압력을 넣어야 합니다. 판사들 겁주는 건 일도 아닙니다."

"재판 때 디드로 검사 같은 판사가 튀어나와 일을 망치지 않도록 잘 단속해 주세요. 그리고 디드로 검사는 적당히 죄를 뒤집어씌워 감옥에 보내는 것도 괜찮을 것 같아요."

"예, 알겠습니다. 제가 알아서 처리하겠습니다."

법무부 장관이 재빨리 대답했습니다.

그렇게 이야기가 마무리될 무렵, 총리가 눈치를 보며 조심스럽게 입을 열었습니다.

"그런데 폐하……."

"네, 말씀해 보세요."

"그러니까…… 키클롭스 장군이 뺑소니 사고를 내지 않은 건 맞는 것인지요?"

여왕은 아무 말도 없이 총리를 노려봤습니다.

"아니, 전 물론 무죄일 거라고 생각합니다만……. 혹시나 해서요."

"총리라는 분이 쓸데없는 얘기나 하시고……. 아무리 요새 말썽을 부리고 다닌다지만, 키클롭스 장군이 설마 그런 뻔뻔한 범죄를 저질렀겠습니까?"

라스푸틴이 한심하다는 듯 혀를 끌끌 찼습니다. 총리는 얼굴이 빨개져서 어쩔 줄 몰라 했습니다.

"죄송합니다. 제가 어리석었습니다."

키클롭스 장군 기소 문제는 그렇게 정리되었습니다. 하지만 왕실 비밀회의가 끝난 건 아니었습니다. 중요한 비밀 안건이 또 하나 있었기 때문입니다.

여왕이 국방부 장관을 보며 물었습니다.

"흰개미 왕국과의 전쟁은 언제쯤 시작될 것 같나요?"

"국경에서 적당한 다툼만 일어나면 언제라도 시작할 수 있습니다. 키클롭스 장군과 친위대 병사들이 며칠 전부터 국경 근처에 머물고 있으니 조만간 무슨 일이 벌어질 것 같습니다."

국방부 장관의 대답이 끝나자마자 라스푸틴이 얄밉게 끼어들며 말했습니다.

"국방부 장관님이 머리는 나빠도 그런 일은 또 잘합니다, 하하하. 그렇지 않아도 요즘 불순 세력들이 다시 활개를 친다고 하는데, 그놈들 잡아넣을 구실도 만들 겸 얼른 일이 터져야 할 것 같습니다."

중앙정보부장 프랑코가 맞장구쳤습니다.

"맞습니다. 온 국민이 하나가 되어야 한다는 명분이 생기면 불순한 개미들 없애기가 훨씬 쉬워집니다. 요즘 왕국 분위기가 심상치 않은 건 민주주의 운운하는 불순 세력들이 비밀스럽게 돌아다니며 시민들을 선동하기 때문이지요."

중앙정보부장 프랑코는 야비하고 교활하게 생긴 귀족 수개미였습니다. 최근에는 불안한 사회 분위기 때문에 여왕이 라스푸틴만큼이나 크게 의지하는 개미였습니다.

"정보부장께서는 검찰 총장부터 빨리 좀 찾아 주셔야겠어요. 그리고 정부 안에 다른 반역자들은 없는지 철저히 감시해 주시고요."

"알겠습니다."

"아무튼 여러분들이 수고를 해 줘야 할 때입니다. 오늘은 이만합시다. 다들 그만 돌아가세요."

긴급 비밀회의는 그렇게 끝이 났습니다.

엉겅퀴 왕국의 정치는 늘 이런 식으로 이루어졌습니다. 행정부와 국회, 법원이 멀쩡히 있었지만, 중요한 일을 의논하고 결정을 내리는 건 왕실 비밀회의였습니다. 헌법에 적힌 삼권 분립의 원리는 껍데기만 남아 있었습니다. 민주주의는 거의 죽은 거나 마찬가지라고 할까요?

그날 오후 늦게 왕실의 성명서가 발표되었습니다.

키클롭스 장군 기소에 크게 분노한다

왕실은 오늘 친위대 사령관이자 여왕 폐하의 사위인 키클롭스 장군의 기소 결정 사실을 듣고 충격과 놀라움을 금할 수 없다.
디드로 검사의 발표에 따르면 키클롭스 장군이 도로 교통법을 위반했고, 그것도 뺑소니 사고를 냈다고 한다. 하지만 왕실에서 급히 알아본 바로는 키클롭스 장군은 최근에 어떤 교통사고도 낸 적이 없다. 그러니 그런 심각한 범죄를 저질렀을 가능성은 전혀 없다. 무엇보다 키클롭스 장군의 인격과

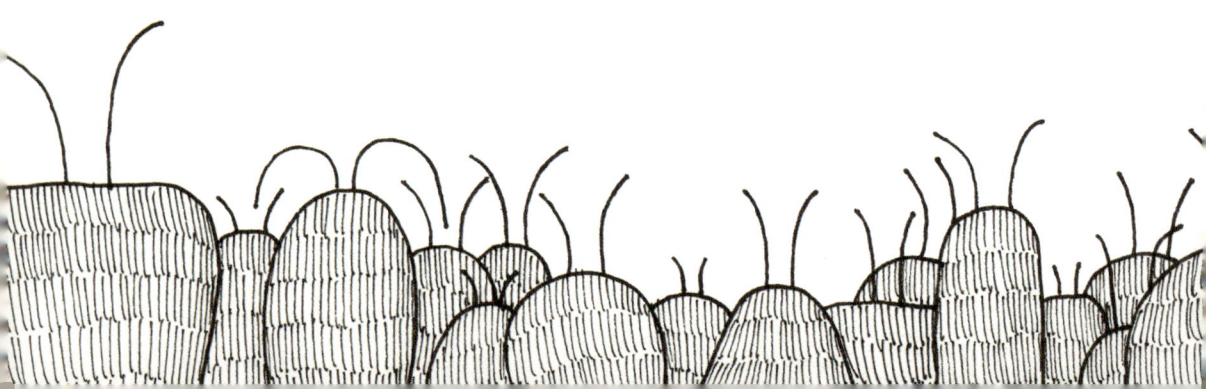

평소 행동을 생각하면 그런 일은 상상조차 할 수 없다.

이에 왕실은 키클롭스 장군에 대한 기소 결정에 크게 분노한다. 아울러 디드로 검사와 불순 단체들, 그리고 거기에 놀아나는 몇몇 신문에 엄중히 경고한다. 키클롭스 장군에 대한 악랄한 모략을 중단하라! 더 이상 이런 일로 여왕과 왕실을 모욕하지 마라!

엉겅퀴 9년 9월 8일
왕실 대변인 뒤포르

이런 법 저런 법

삼권 분립

민주주의 국가란 한마디로 국민이 주인인 나라야. 그래서 국민의 뜻에 따라 국민이 뽑은 대표가 국민을 위한 정치를 하지. 국민의 대표는 나라를 운영하는 데 필요한 큰 권한을 갖게 돼. 하지만 그 권한이 한 사람 또는 몇몇에게 모여 있으면 매우 위험해. 자칫 잘못된 결정을 내릴 수도 있고, 큰 권한을 멋대로 써서 국가를 위태롭게 할 위험도 있거든. 그렇게 되면 국가의 주인인 국민은 헌법에 정해진 기본권을 침해당할 거야.

삼권 분립은 그런 일이 벌어질까 봐 국가 권력을 크게 세 가지로, 즉 입법권, 행정권, 사법권으로 나누어 맡기는 것을 말해. 입법권은 법을 만드는 권력, 행정권은 그 법에 따라 국가를 운영하는 권력, 사법권은 재판을 맡아 하는 권력이지.

이 세 가지 권력을 각각 맡은 국가 기관이 바로 국회, 정부, 법원이야. 국회와 정부, 법원은 어느 한쪽이 국가의 중요한 일을 마음대로 처리할 수 없도록 서로 감시하게 되어 있어. 그러면서 민주주의 원칙을 지켜 나가는 거지.

입법부-국회

대한민국 헌법 제40조는 '입법권은 국회에 속한다'고 밝히고 있어. 입법이란 국가가 법을 만들어 정하는 것을 말해. 즉 나라의 여러 가지 법을 만드는 일은 국회만 할 수 있다는 뜻이지. 그래서 국회를 법을 만드는 곳이라는 뜻으로 입법부라고 불러. 국회는 국민이 선거로 뽑은 대표인 국회 의원들로 이루어져 있어. 국회 의원들은 법률을 만들 뿐만 아니라, 행정부를 감시하면서 중요한 일이나 정책을 심사하여 동의하거나 거부할 수 있어.

행정부-정부

행정부는 법에 따라 나라의 살림을 돌보며 국가를 운영하는 일을 하는 기관이야. 국가가 하는 일 중에서 국회와 법원에서 하는 것을 뺀 대부분을 맡는다고 보면 되지. 행정부는 그냥 정부라고도 불러. 정부를 이끄는 우두머리는 대통령이나 수상 또는 국무총리야. 대한민국 헌법은 제66조 4항에 '행정권은 대통령을 수반으로 하는 정부에 속한다'고 정해 놓았어.

사법부-법원

법원은 헌법과 법률에 따라 재판을 하는 기관이야. 법원이 맡은 임무를 흔히 사법이라고 하고, 법원이 가진 권한을 사법권이라고 해. 대한민국 헌법은 '사법권은 법관으로 구성된 법원에 속한다'고 밝히고 있어. 바로 제101조 1항의 내용이지.

몽테스키외와 《법의 정신》

삼권 분립을 처음으로 주장한 사람은 프랑스 사상가인 샤를 몽테스키외야. 몽테스키외는 1748년에 발표한 《법의 정신》이란 책에서 국가의 권력을 입법권과 집행권, 재판권으로 나누어야 한다고 말했어. 그렇게 하면 세 가지 권력이 서로 감시하며 균형을 이룰 수 있다는 거야. 몽테스키외의 생각은 미국 헌법에서 처음으로 받아들여졌어. 그리고 지금은 세계의 거의 모든 나라가 삼권 분립의 원리를 따르고 있어.

왕실 비밀회의는 삼권 분립의 위반인가?

토론자 중앙 검찰청 디드로 검사, 왕실 대변인 뒤포르

디드로 이번에 나온 성명서를 보니 왕실에서 화가 많이 난 모양이더군요. 저한테는 친절하게 경고도 해 주시고. 하하.

뒤포르 허허. 화가 나긴요. 왕실에서 그 정도로 반응을 안 하면 이상한 거죠. 경고는 좀 새겨들어 주시면 고맙겠습니다.

디드로 네, 그러지요. 그런데 지난번 왕실 비밀회의에서 키클롭스 장군 기소 안건 말고 다른 것도 다뤘다던데요?

뒤포르 비밀회의라니요? 그런 거 없습니다. 여왕 폐하와 장관들이 만나서 가볍게 이런저런 얘기를 나누는 일은 있습니다만. 엊그제 모임도 키클롭스 장군 일에 대해 자세한 사정이나 들어 보자고 잠깐 모인 것뿐입니다.

디드로 그렇지 않을 텐데요? 왕실 비밀회의에서 국회나 정부에서 할 일을 대신하고 있다는 건 지나가는 땅강아지도 아는 얘기예요.

뒤포르 허허. 잘못 알고 계신 겁니다.

디드로 이번 비밀회의에서 흰개미 왕국과 전쟁을 벌이는 일이 논의되었다고 하던데요?

뒤포르 아니, 그 무슨 큰일 날 소리를! 절대 그런 적 없습니다. 그러다 정말 전쟁이라도 나면 어쩌려고 그러십니까? 그리고 왕실 회의에서 나랏일을 의논한다 한들 크게 문제될 게 없어요. 왕실은 정치에 참여할 권리가 있으니까요.

디드로 정치에 참여할 권리가 있지만, 국회나 정부에서 할 일을 엉뚱한 데서 결정해 버리면 안 됩니다. 그건 헌법의 삼권 분립 원리 위반입니다. 전쟁에 관한 것도 마찬가지고요. 전쟁을 벌이는 건 엄연히 국회에서 의논하여 결정하게 돼 있으니까요.

뒤포르 그건 당연한 얘기죠. 왕실에서는 그냥 나랏일을 두루 듣고 얘기해 보는 것뿐입니다. 왕실에서 그 정도도 못 합니까?

디드로 못 합니다. 왜 장관들이 왕실 비밀회의에 가서 나랏일을 의논합니까? 여왕께서 나랏일에 참여하시려면 정부 부처 사무실이나 국회에 나오시면 됩니다.

뒤포르 허허. 왕실 회의실이든 정부 부처 사무실이든 문제될 건 없습니다. 여왕 폐하께서는 헌법에 따라 나랏일을 돌볼 권한을 가지고 계십니다. 왕국 헌법 제1조 3항이 '여왕은 국가 안보와 국민의 행복을 위해 나랏일을 돌볼 권리가 있다' 아닙니까. 원, 검사님께서 헌법도 잘 모르시나 봅니다. 하하하.

디드로 대변인께서야말로 헌법을 잘 모르시는군요. 다시 한번 말씀드리면, 우리 헌법은 분명히 '입법권은 국회에 있고, 행정권은 정부에 있다'고 밝히고 있습니다. 이 삼권 분립의 원리는 여왕이 아니라 여왕 할아버님이라도 어길 수 없어요. 그러니 왕실 비밀회의는 당장 없애야 합니다.

뒤포르 말이 안 통하는 분이시군요. 더 이상 토론이 안 되겠네요.

디드로 네, 저도 마찬가지입니다. 어쨌든 토론하느라 수고하셨습니다.

6장
재판을 일주일 앞두고

키클롭스 고소 사건은 곧 온 나라를 들썩이게 만들었습니다. 하지만 왕실과 정부의 협박으로 신문과 방송은 제대로 보도를 하지 못했습니다. 물론, 그렇다고 완전히 막을 수는 없었지요. 그 와중에도 한두 신문은 아주 조금씩이라도 기사를 실었으니까요.

무엇보다 민주화 운동 조직들이 몰래 만드는 지하 신문이 있었습니다. 시민들은 새벽이나 늦은 밤에 길거리에 뿌려진 신문이나 소식지를 보고 일이 어떻게 되어 가는지 알 수 있었습니다.

회오리 클럽은 가장 활발히 활동하는 비밀 조직이었습니다. 회오리 클럽이 만든 신문은 매우 빠르고 정확하게 소식을 전했기 때문에 시민들에게 인기가 많았습니다. 특히 이번 사건은 고소 당사자들이 직접 참여해 소식을 실은 덕분에 더 반응이 좋았습니다.

재판 날짜가 통보된 다음 날, 막둥이는 볼테르 씨와 함께 회오리 클럽 회의에 참가했습니다.

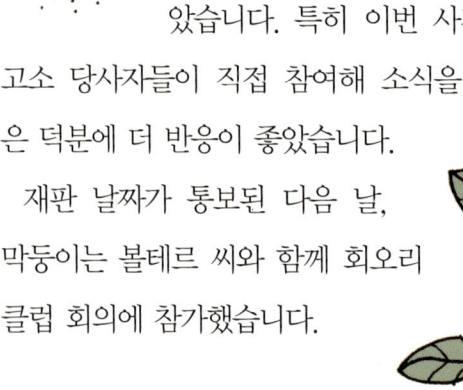

"동지 여러분, 다들 오셨습니까?"

이번에도 루소 씨가 회의 진행을 맡았습니다.

"그럼 회의를 시작하겠습니다. 다들 아시겠지만, 우리 막둥이 동지께서 드디어 재판 날짜를 통보받았습니다."

루소 씨는 오늘따라 동지라는 호칭을 많이 썼습니다. 심지어 회원이 아닌 막둥이한테도요.

"바로 일주일 뒤, 9월 22일입니다. 아시다시피 이 사건은 단지 한 개인의 일이 아닙니다. 우리나라의 민주주의 발전에 큰 의미가 있는 사건이지요."

그러면서 루소 씨는 막둥이를 힐끗 보았습니다. 막둥이는 속으로 '그렇고말고요!'라고 외쳤습니다.

"정부는 헌법에 보장된 기본권조차 짓밟으며 모든 걸 숨기려 합니다만, 진실은 어떻게든 드러나게 마련입니다. 이미 시민들은 이 사건을 잘 알고 있고, 대부분 막둥이 동지를 응원하고 있습니다."

루소 씨의 연설은 변함없이 진지했습니다. 오늘은 약간 흥분했는지 목소리가 조금 떨리기까지 했습니다.

"이런 상황에서 우리가 가만히 있을 수는 없겠지요. 이제는 더 적극적으로 활동해 재판에서 이길 수 있게 해야 합니다. 신문 만들어 뿌리는 것에 그쳐서는 안 된다는 말씀입니다."

루소 씨는 입에 손을 대고 헛기침을 두어 번 했습니다. 포도알처럼 생긴 커다란 배가 살짝 부풀었다 다시 움츠러들었습니다.

"오늘 이렇게 긴급회의를 여는 것도 그 문제를 논의하기 위해서입니다. 각 신분과 직업을 대표하는 분들이 모두 오셨으니 좋은 의견이 많이 나올 것 같습니다. 자, 어느 분부터 말씀해 주실까요?"

"제가 한 말씀 드리겠습니다."

침묵을 깨고 나선 건 온몸이 까만 건장한 일개미였습니다. 피부 빛깔과 생김새, 특히 온몸에 나 있는 긴 털로 보아 다른 종족 출신의 노예 개미인 듯했습니다.

"아, 스파르타쿠스 동지, 말씀하세요."

"솔직히 말씀드리면, 저나 제 동료들은 이 고소 사건에 그다지 관심이 없었습니다. 그건 우리 노예들과는 전혀 상관없는 것 같았거든요."

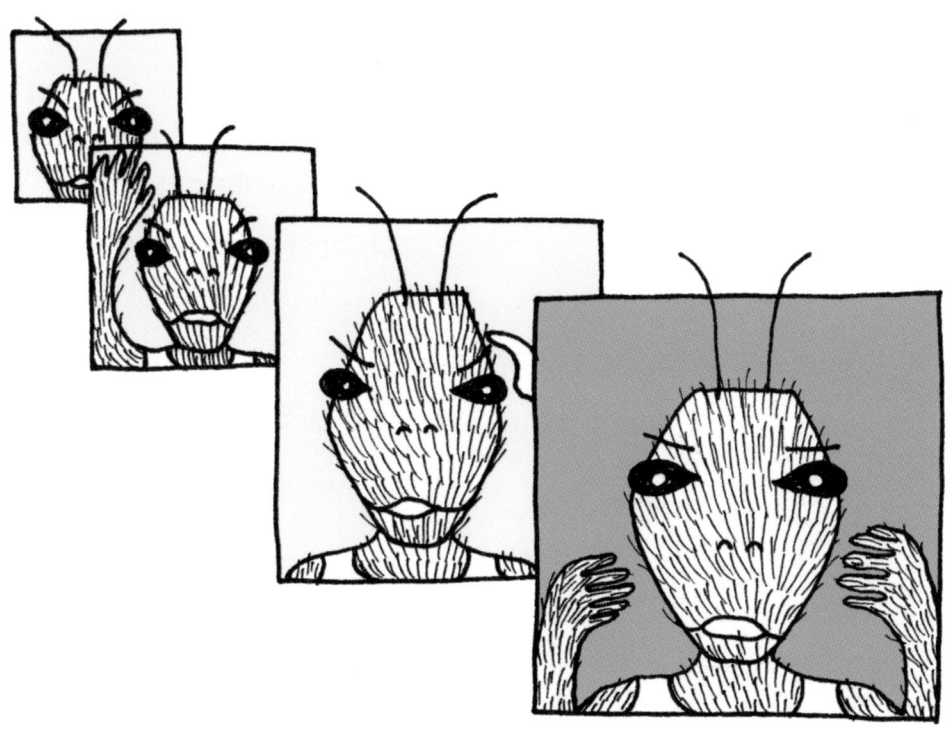

스파르타쿠스의 목소리는 생김새만큼이나 시원시원했습니다. 방 안이 쩌렁쩌렁 울릴 정도로 힘이 넘쳤습니다.

　"고소를 당한 자가 여왕의 사위라 한들, 또한 재판에서 이겨 그자가 처벌을 받는다 한들 무슨 소용이 있느냐는 것이었지요. 어차피 우리는 평생 차별받고 부림만 당하는 노예 신세니까요."

　'무슨 노예 개미가 저리 말을 잘한담?'

　막둥이는 감탄하지 않을 수 없었습니다. 수많은 일개미와 노예 개미들을 만났지만, 이처럼 눈과 귀를 사로잡는 개미는 처음이었습니다. 스파르타쿠스는 생김새부터 평범하지가 않았습니다. 우람한 체격이며 잘생긴 얼굴, 유난히 반짝이는 눈빛이 보통 개미가 아니라는 걸 한눈에 알 수 있게 해 주었습니다. 스파르타쿠스의 말이 이어졌습니다.

　"하지만 여기 계신 루소 씨나 로자 아주머니의 얘기를 들으면서 조금씩 생각이 달라졌습니다. 이 사건이 잘 풀린다고 당장 세상이 바뀌진 않겠지만, 그렇게 할 수 있는 작은 계기는 될 수 있겠다, 이렇게 말입니다. 그래서 저와 제 동료들은 모두 이 사건에 관심을 갖고, 키클롭스를 고소한 시민…… 아, 막둥이 동지라고 했던가요? 아무튼 그분을 힘껏 응원하고 돕기로 뜻을 모았습니다."

　짝! 짝! 짝! 짝! 방 안에 박수 소리가 힘차게 울려 퍼졌습니다.

　"저희 유모 개미들도 같은 생각입니다."

　두 번째로 입을 연 개미는 로자 아주머니였습니다.

　"이 사건은 어쩌면 민주주의를 이룰 수 있는 마지막 기회가 될지도 모릅니다. 물론 우리가 용기 있게 나서서 싸운다면 말이죠."

로자 아주머니는 언제나처럼 차분했습니다. 다만 평소의 상냥한 표정은 어디에도 없어서, 언뜻 보면 딴 개미로 착각할 정도였습니다.
　"다들 아시겠지만 저도 노예 신분입니다. 1년 내내 힘든 노동에 시달리지만 국민 대접은 거의 못 받습니다. 헌법에 모든 국민은 평등하다는 조항이 있던가요? 하지만 처음부터 국민의 자격조차 갖지 못하는 우리 노예들에게는 그저 쓸모없는 규정일 뿐입니다."
　"맞습니다!"
　"있으나 마나 한 헌법이에요!"
　몇몇 노예 개미들이 맞장구를 쳤습니다.
　"우리에게는 권리는 없고 의무만 있을 뿐이에요. 이런 옳지 못한 상황을 바꾸려면 당장 노예 제도를 없애기 위해 싸워야 합니다. 그런 다음 민주적인 헌법과 정부를 만들어야겠지요. 이번 사건은 그런 싸움의 시작이라고 해도 좋겠지요. 우리 유모 개미들은 그 싸움에 앞장서기로 했습니다."
　"잘 들었습니다. 이번에는 우리가 당장 해야 할 것을 제안해 주셨으면 좋겠습니다. 네, 업복이 동지 말씀하시지요."
　"병정개미들을 대표해서 말씀드리겠습니다. 저희 쪽에서는 이 기회에 모아 놓은 무기를 들고나오는 게 어떻겠느냐는 의견도 있었습니다."
　업복이 아저씨의 말에 갑자기 회의장 안이 술렁거렸습니다. 그만큼 깜짝 놀랄 만한 얘기였던 것입니다.
　"아, 그런데…… 아직 그럴 때는 아니라는 의견이 워낙 많았고요, 그래서 특별한 일이 없는 한 많은 시민들이 참여하는 평화적인 시위로 가야 한다는 쪽으로 의견이 모아졌습니다."

"그렇군요. 그렇게 쉽게 무기를 들어서는 안 되겠죠."

루소 씨가 그렇게 다시 한번 정리했습니다.

"그리고 이번에는 제가 꿀단지개미들의 대표로서 의견을 말씀드리겠습니다."

루소 씨의 말에 막둥이는 아차, 하는 느낌이었습니다.

'맞아, 루소 씨는 꿀단지개미였지······.'

이상하게도 루소 씨를 불쌍한 일개미로 생각한 적이 거의 없었습니다. 막둥이에게 루소 씨는 늘 점잖은 신사이자 믿음직한 회오리 클럽 대표였을 뿐입니다.

그런데 생각해 보면 그건 막둥이 스스로에게도 마찬가지였습니다. 불과 얼마 전까지도 막둥이는 자기가 헌법의 기본권도 못 누리는 불쌍한 일개미라는 생각을 거의 못 했으니까요.

"아시다시피 저희들은 노예와 다름없이 살고 있습니다. 1년 내내 지하방에서 대기하고 있어야 하니까요. 법으로는 국민이지만, 실제로는 국민이 누려야 할 기본권을 거의 누리지 못합니다. 그러니······."

목이 메는지, 루소 씨는 탁자 위의 물잔을 집어 들었습니다. 그러고는 벌컥벌컥 물을 들이마셨습니다.

"그러니, 민주주의에 대한 그리움이 다른 동지들 못지않게 클 수밖에 없지요. 우리 꿀단지개미들은 지금까지 회오리 클럽의 활동에 열심히 참여했고, 이번 사건에도 큰 관심을 갖고 있습니다."

그러고 보니 오늘은 꿀단지개미들이 꽤나 많이 눈에 띄었습니다. 보통 때는 루소 씨 말고는 볼 수가 없었는데 말이죠. 그건 아마도 하루 24시간 내내 대기해야 하는 사정 때문이었던 것 같습니다.

"일단 저희들이 생각한 것은 하던 일을 멈추는 것입니다. 즉, 파업이지요. 꿀단지개미들이 모두 꿀물 제공을 거부하고 밖에 나가 시위에 참가하는 것으로 의견을 모았습니다. 저희를 찾는 분들이 하루에 몇천 명은 되니까 틀림없이 큰 효과가 있을 것입니다."

"그거 아주 괜찮군요."

"그렇겠죠? 변호사 조직에서는 어떤 의견이 있었나요? 로크 변호사님께서 말씀해 주시지요."

"저희 변호사와 언론인, 교사들은 함께 성명서를 발표하고 기자 회견도 열 생각입니다. 물론 시위와 집회에도 나갈 것이고요."

"혹시 파업 얘기는 안 나왔습니까?"

"상황을 봐서 파업도 하기로 했습니다. 디드로 검사와 막둥이 동지를 적극적으로 지원하는 것은 물론이고요. 시위하다 체포되거나 기소되는 동지들에게 법률적인 도움도 드릴 수 있을 겁니다."

"반가운 말씀이군요. 성안에서는 집회와 시위를 금지한다는 '집회법' 때문에 성안에서 시위하는 분들은 아마 거의 다 잡혀갈 텐데, 그렇게 되면 변호사분들의 도움이 큰 힘이 되겠네요. 그래도 일단은 뺑소니 사고 재판에 힘을 쏟아 주시기 바랍니다."

"알겠습니다. 그리고 시위할 때 어떤 구호를 외칠지, 무엇을 집중적으로 요구할지도 논의해야 하지 않을까요?"

"안 그래도 지금 드릴 말씀이 그겁니다."

　루소 씨는 다시 고개를 돌려 청중을 둘러보았습니다.
　"아시다시피 우리의 가장 큰 목표는 참된 민주 정부를 세우는 것입니다. 하지만 지금 당장은 이번 사건과 관련하여 작은 목표를 세워야 합니다. 전단에 들어갈 내용과 구호도 거기에 맞춰야 하고요. 이에 관해서 좋은 의견 있으면 말씀해 주세요."
　그러자 볼테르 씨가 가만히 손을 들었습니다.
　"네, 볼테르 동지."

볼테르 씨는 자리에서 일어나 말하기 시작했습니다.

"일단 루소 동지의 말이 맞습니다. 그래서 구호는……."

회오리 클럽의 회의는 밤이 깊어도 끝날 기미가 보이지 않았습니다.

이틀 뒤, 왕궁에서도 비밀회의가 열렸습니다.

"그러니까 정보부장님 말씀은 불순 세력들의 움직임이 심상치 않다는 건가요?"

"그렇습니다. 저희가 얻은 정보에 따르면 키클롭스 장군 재판 날에 뭔가 일이 터질 것 같습니다."

중앙정보부장 프랑코가 심각한 표정으로 말했습니다.

"무슨 일이 터진다는 거죠?"

"아직 정확히는 알 수 없습니다만, 왕실에 반대하는 몇몇 단체들이 큰 시위를 벌이는 게 아닐까 짐작하고 있습니다."

그러자 라스푸틴이 껄껄 웃으며 말했습니다.

"그런 거야 경찰이 출동해서 죄다 잡아넣으면 되는 거 아니겠습니까? 한두 번 있는 일도 아니고요."

"그렇긴 합니다만, 이번에는 분위기가 많이 달라서……."

"신경 쓸 거 없습니다. 여차하면 군대를 출동시키죠, 뭐."

"친위대도 있습니다."

국방부 장관과 총리가 잇따라 빈정거리듯 말했습니다. 여왕도 사실은 별로 관심이 없어 보였습니다.

"크게 걱정할 문제는 아닌가 보군요. 정보부장님하고 국방부 장관님

이 알아서 잘 처리해 주세요. 그리고 법무부 장관님."

사실 이 비밀회의의 또 하나의 목적은 일주일 앞으로 다가온 재판에 대비하는 것이었습니다.

"엊그제 재판 날짜가 통보됐다는데, 걱정 안 해도 되겠지요?"

"예, 물론입니다. 담당 판사를 불러다 단단히 주의를 주었습니다. 검찰 총장도 잡아다가 단단히 혼내 주었고요. 판결은 걱정 안 하셔도 될 것 같습니다."

법무부 장관의 표정은 매우 비장했습니다.

"이번에는 틀림없는 겁니까?"

라스푸틴이 눈을 부릅뜨고 다그쳤습니다.

"염려 마십시오. 반드시 무죄 선고가 나올 겁니다."

여왕은 그래도 안심이 안 된다는 듯한 표정으로 말했습니다.

"지금이라도 그 디드로인가 뭔가 하는 검사를 손봐 줄 수는 없어요?"

"저 그건, 그러니까…… 검찰 총장을 시켜서 사건에서 손을 떼게 할 수도 있겠지만, 워낙 이 사건에 쏠린 눈이 많아서 그러지 않는 게 좋을 것 같습니다. 심지어 흰개미 왕국에서도 큰 관심을 보이고 있다고 합니다."

"흰개미 왕국에서도? 웃기는 놈들이군요."

"예, 저도 그렇게 생각합니다. 그래서 제 생각엔 그냥 무죄 판결을 받는 게 무리 없는 해결책일 것 같습니다."

"그럼 그렇게 하세요. 대신 확실하게 해야 합니다."

"예, 폐하. 마음 푹 놓으셔도 됩니다."

"그럼 그 문제도 됐고. 이렇게 모인 김에 전쟁 얘기도 해 봅시다. 국방부 장관님? 도대체 전쟁을 언제 시작한다는 거죠?"

"여러 가지로 사회가 시끄러우니 얼른 날을 잡아야 할 것 같습니다. 이런 때는 전쟁으로 애국심을 부추겨서 모든 국민이 그쪽에 관심을 갖게 해야지요."

"전쟁이 왜 필요한지는 잘 알고 있군요. '같습니다'만 되풀이하지 말고 빨리 계획을 좀 확정하세요."

라스푸틴의 짜증 섞인 목소리가 회의실 안에 울려 퍼졌습니다. 왕실 비밀회의도 그렇게 밤늦도록 이어졌습니다.

기본권이란?

기본권은 인간이 사회 속에서 인간답게 살아가는 데 꼭 필요한 권리를 말해. 모든 사람이 태어나면서부터 가지는 동등한 권리이지.

기본적 인권이라고도 하고, 그냥 인권이라고도 해. 보통 헌법에 명확히 밝혀 놓고 다른 법률들보다 앞서서 적용해.

기본권의 종류

- 자유권: 자유권은 국가 권력에 의해 개인의 자유를 침해당하지 않을 권리야. 자유권에는 누구나 법에 의하지 않고서는 신체적인 구속을 당하지 않을 신체의 자유, 살고 싶은 곳을 선택할 수 있고, 사는 곳을 옮길 수 있는 거주 이전의 자유, 누구나 원하는 종교를 믿을 수 있는 종교의 자유, 자기의 의견이나 생각을 말이나 글로 표현할 수 있는 언론·출판의 자유, 누구나 간섭이나 방해를 받지 않고 모임을 열거나 단체를 만들 수 있는 집회·결사의 자유, 누구나 자기가 원하는 직업을 선택할 수 있는 직업 선택의 자유, 자유롭게 학문과 예술에 종사할 수 있는 학문과 예술의 자유 등이 있어.

- 평등권: 누구나 법 앞에서 평등한 대우를 받을 권리를 말해. 성별, 종교, 사회 신분에 따라 정치, 경제, 사회, 문화 등 모든 영역에서 차별을 받지 않을 권리이지. 태어나면서부터 특별한 대접을 받는 신분이나 계급을 인정하지 않는 것도 평등권의 중요한 내용이야.

- 사회권: 국민이 인간답게 살 수 있도록 국가에 필요한 것을 요구할 수 있는 권리야. 사회적 기본권, 생존권적 기본권이라고도 해. 사회권에는 교육을 받을 권리, 노

동을 할 수 있는 권리, 쾌적한 환경 속에서 살 수 있는 권리 등이 있어.

- 청구권: 특정인에 대하여 일정한 행위를 요구할 수 있는 권리를 말해. 국민이 희망 사항을 국가 기관에 청원할 수 있는 청원권이나, 재판을 받을 수 있는 재판 청구권이 대표적인 청구권이지. 국민의 기본권을 보장하기 위한 기본권이라 할 수 있어.

- 참정권: 국민이 정치에 참여할 수 있는 권리를 말해. 참정권에는 대통령, 국회 의원을 등을 뽑는 선거에 참여할 권리인 선거권, 선거에 출마해 국민의 대표인 대통령, 국회 의원 등이 될 수 있는 피선거권, 국가의 중요한 일을 결정하는 국민 투표에 참여할 수 있는 국민 투표권 등이 있어.

국민의 의무

대한민국 헌법에는 국민의 기본권뿐만 아니라 국민의 의무도 규정되어 있어. 국민의 의무란 국가의 유지와 발전을 위하여 국민이 져야 할 의무를 말해.

- 납세의 의무: 국가가 제대로 유지되고 운영될 수 있도록 세금을 내야 할 의무.
- 국방의 의무: 국가를 적의 침략에서 지킬 수 있도록 법률로 정해진 대로 국가를 방어할 의무.
- 교육의 의무: 모든 국민이 그 보호하는 자녀에게 적어도 초등 교육과 법률이 정하는 교육을 받게 할 의무.
- 근로의 의무: 민주주의 원칙에 따라 법률로 정해진 노동을 힘써 해야 할 의무.
- 환경 보전의 의무: 모든 국민이 좋은 환경에서 살아갈 수 있도록 환경을 지키고 보존하는 데 노력해야 할 의무.

"악법은 지키지 않는 게 당연"
– 회오리 클럽의 루소 대표 인터뷰

질문자 〈월간 민주주의〉 촘스키 기자

촘스키 본인 소개 좀 해 주시죠.

루소 저의 정식 이름은 꿀단지개미 땡볕 11호입니다. 땡볕이 심한 해에 태어났죠. 보통 때 부르는 이름은 루소이고, 민주주의 운동 조직인 회오리 클럽의 대표입니다.

촘스키 회오리 클럽을 앞장서서 만드셨다고 들었는데, 특별한 이유라도 있나요?

루소 제가 꿀단지개미라 남들이 못 보는 걸 많이 보았지요. 하루 16시간씩 감옥 같은 데서 일하는 동료들의 고통, 일하다 다쳐서 꿀물을 받아 마시려고 실려 온 개미들의 끔찍한 모습, 또 아무 때나 찾아와 꿀물을 내놓으라고 큰소리치는 귀족들······.

촘스키 잠깐만요. 하루 16시간이라고 했나요?

루소 예, 16시간요. 10년 전 2월 혁명이 일어난 뒤 한 명당 8시간씩 돌아가면서 일하는 걸로 바뀌었지만, 지금 정부가 들어서고 나서 없던 일이 돼 버렸지요.

촘스키 세상에, 끔찍하군요.

루소 헌법에 있는 기본권조차 보장받지 못하는 거죠. 왕국 헌법 제10조를 보면 '모든 국민은 개미로서 존엄성과 가치를 가지고, 행복하게 살 권리가 있다'고 되어 있는데 말이죠.

촘스키 그렇군요.

루소 그런 모습들을 보면서 저는 세상이 잘못돼 있다고 느꼈습니다. 그건 제 동료들도 마찬가지고요. 우리는 잘못된 세상을 바꾸려고 회오리 클럽을 만들었습니다.

촘스키 이번 키클롭스 장군 재판과 관련하여 대규모 집회와 시위를 계획하고 있다고 들었는데요, '집회법'에 따라 성안에서는 시위와 집회가 금지돼 있지 않나요?

루소 그렇지요. 하지만 그 법은 헌법에 보장된 국민의 기본권을 침해하는 악법입니다. 그런 법은 법 자격이 없어요. 그러니 지키지 않는 게 당연하죠.

촘스키 집회법이 어떤 기본권을 침해한다는 거죠?

루소 왕국 헌법 제12조에서 규정한 '집회와 결사의 자유'입니다. 그리고 그보다 앞서 제10조의 '개미로서의 존엄과 가치'를 크게 해치고 있고요. 아시겠지만 헌법은 모든 법률에 앞서서 적용해야 하죠.

촘스키 그런데 왕국 헌법 제37조 2항을 보면, '국민의 모든 자유와 권리는 국가안전 보장·질서 유지 또는 공공복리를 위하여 필요한 경우'에는 법률로 제한할 수 있다고 되어 있거든요?

루소 그렇긴 합니다만, 같은 조항에 '제한하는 경우에도 자유와 권리의 핵심을 침해할 수 없다'는 구절이 있죠. 어떤 까닭에서도 기본권의 가장 중요한 가치를 무시하면 안 된다는 겁니다. 그런데 '집회법'은 그걸 완전히 무시하는 잘못된 법입니다.

촘스키 체포되어 감옥에 갈 수도 있을 텐데요?

루소 집회법을 위반하면 징역 3년까지 받을 수 있던가요? 뭐, 그 정도면……. 꿀단지개미들은 어차피 감옥살이를 하고 있는 셈인데요, 뭘.

촘스키 각오가 대단하시군요. 인터뷰에 응해 주셔서 고맙습니다. 행운을 빕니다.

루소 고맙습니다. 조심해서 돌아가십시오.

7장
미리 결정된 판결

마침내 재판의 날이 밝았습니다.
법원 앞 거리는 온통 경찰의 전차로 뒤덮였습니다. 경찰들이 법원 건물을 둘러쌌고, 도로는 전차로 완전히 막혀서 시민들은 전혀 오갈 수가 없었습니다. 이대로라면 시위를 하기는커녕 법원 근처에 오지도 못할 것 같았습니다.

재판은 아침 9시에 시작되었습니다. 일반 시민들은 재판을 볼 수 없었고, 심지어 기자들도 법원에서 허락한 몇 명만 들어갈 수 있었습니다. 정부가 괜찮다고 여기는 방송사와 신문사의 기자들이었습니다.

이것은 사실 헌법을 무시하는 짓이었습니다. 왕국 헌법 제21조 2항은 '언론·출판 활동은 허가나 검열을 받아서 하지 않는다'고 되어 있었으니까요.

하지만 법원은 다른 헌법 조항을 내세웠습니다. 바로 '국가의 안전과 질서를 위해 필요하면 국민의 기본권을 법률로 제한할 수 있다'고 한 제37조 2항이었지요. 그리고 기본권을 제한하기 위한 법률 중 하나로 '귀족 존중법'을 들었습니다. 귀족 존중법에 따르면 귀족에 속하는 개미는 법원에 비공개 재판을 요구할 수 있었습니다.

귀족의 재판을 공개하면 정말로 국가의 안전과 질서가 위험해지는지 아닌지는 아무 문제가 되지 않았습니다. 헌법에 정해진 국민의 언론·출판의 자유는 그렇게 짓밟혀 버렸지요.

게다가 법원은 이번 사건에 단심 제도를 적용했습니다. 단심 제도란 단 한 번의 재판으로 사건을 마무리하는 방식입니다. 하지만 헌법에 따르면 모든 국민은 3심 제도의 적용을 받게 되어 있었습니다. 재판을 받는 이들이 판결에 만족하지 못하면 더 높은 법원에 두 번 더 재판을 요구할 권리가 있다는 것입니다.

그러나 귀족 개미는 그런 제도를 무시할 수 있었습니다. 귀족 존중법에 따라 단심 제도를 법원에 당당히 요구할 수 있었으니까요. 상대방이 반대하건 말건 상관없었습니다. 귀족들한테는 귀족 존중법이 헌법보다 귀

한 법이었습니다.

재판이 시작된 지 어느덧 반나절이 지났습니다. 하지만 시위는 어디에서도 일어나지 않았습니다. 법원 근처뿐만 아니라, 왕궁이며 경찰서, 방송국, 신문사 주위까지 철저히 경비한 경찰이 민망할 지경이었습니다.

오후가 되어서도 상황은 달라지지 않았습니다. 그러자 그날 또다시 열린 왕실 비밀회의에서는 이런 얘기까지 나왔습니다.

"정보부장님, 아무래도 엉터리 정보를 입수한 것 같아요. 시위대는 그림자도 안 보이지 않습니까?"

중앙정보부장 프랑코도 어이없다는 듯 머리를 긁적였습니다.

"음, 정보는 틀림없지만, 워낙 경비가 철통같아서 엄두를 못 내는 거 아닐까요?"

"그러면 다행이지요. 원래 소문난 잔치에 먹을 게 없는 법이라, 단 한 건의 시위도 없는 걸 보면 괜한 소동을 벌였다는 생각도 듭니다."

여왕은 싱겁다는 듯이 히죽 웃었습니다.

"그렇다면 내일은 이렇게 요란하게 경비하지 않아도 될 것 같습니다.

안 그래도 다들 불편하다고 난리고. 당장 우리 병사들이 전차를 몰고 다니는 데에도 어려움이 많습니다."

"그럴 것 같습니다. 반정부 세력이 난리를 피운다지만, 아마 겨우 몇몇이 전단이나 뿌리고 말 겁니다. 쓸데없이 힘 빼지 말고 재판이나 신경 씁시다."

국방부 장관과 법무부 장관이 맥 빠진다는 표정으로 말했습니다. 그러자 총리가 고개를 끄덕이며 말했습니다.

"오늘 저녁때까지도 별일이 없으면 내일은 법원 근처만 빼고 경찰을 다 철수시키겠습니다."

"그렇게 하세요. 그건 그렇고, 법무부 장관님, 재판은 잘돼 가나요?"

"피고인 신문이 끝나고 지금은 증인 신문이 진행되고 있다고 합니다. 내일 곧바로 판결을 내릴 거라는데, 아시다시피 결론이야 이미 정해진 것이고요."

"그래도 혹시 모르니 아직 긴장을 풀지 마세요."

여왕은 끝까지 긴장을 늦추지 말라고 단속했습니다.

그 무렵, 회오리 클럽 지도자들도 지하 36층 비밀 방에 모여 있었습니다. 이미 그날 벌이기로 했던 시위를 다 취소한 상태였습니다.

"이번 재판은 이미 판결이 결정돼 있다고들 하네요. 그래서 내일 곧바로 판결을 내린다고도 하고요. 이런 상황에서 오늘 무리하게 파업과 시위를 할 필요는 없을 것 같아요. 취소하기를 잘했지요."

로자 아주머니가 루소 씨를 보며 말했습니다. 총회가 아니라서 그런지 오늘은 말투가 보통 때와 별 차이가 없었습니다.

"저도 그렇게 생각합니다."

루소 씨도 동의했습니다. 그리고 급히 모인 각 조직의 대표들을 둘러보며 물었습니다.

"다른 조직에도 다 알린 거지요?"

"예. 저희 노예 개미 조직은 오늘은 전혀 움직이지 않고 내일 아침부터 파업에 들어갑니다. 시위 장소와 구호가 다시 정해지면 시위에 참석할 거고요."

노예 개미 대표 스파르타쿠스였습니다. 스파르타쿠스는 사실상 모든 노예 개미들의 지도자로 인정받고 있었습니다.

"유모 개미 조직들은 어떻게 하기로 했나요?"

"우리도 다 연락이 됐어요. 아시다시피 저희는 조직이 두 개고 서로 생각하는 게 많이 다르지만, 이번만큼은 처음부터 끝까지 함께 행동하기로 했습니다."

"업복이 선배님은요?"

"우리도 별문제 없구려. 조직도 많고 회원들도 많지만, 연락망이 잘 갖춰져 있어서."

"저희 쪽도 마찬가집니다."

로크 변호사가 업복이 아저씨의 말을 이어받았습니다. 로크 변호사는 점심시간이 되어 재판이 잠시 중단된 틈을 타 막둥이, 볼테르 씨와 함께 막 회의에 참석한 참이었습니다.

"변호사 회원들이야 당연히 내일 시위에 동참할 거고요, 다른 조직의 검사와 판사, 교사들도 꽤 많이 참가할 겁니다. 아시겠지만, 지난 10년 동안 저희도 참을 만큼 참았지요. 이제 다들 더 이상 두고 볼 수만은 없다고 생각하고 있습니다."

로크 변호사의 말처럼 변호사나 판검사, 교사들 중에도 엉겅퀴 3세 여왕 정부에 반대하는 이들이 많았습니다. 키클롭스 장군을 기소한 디드로 검사도 그중 하나였고요.

"로크 변호사님, 수고가 많습니다. 막둥이도 수고 많네. 기왕 오셨으니 재판정 상황을 좀 전해 주시겠습니까?"

"아, 예. 디드로 검사가 피고인 신문을 했는데, 키클롭스는 전혀 대답을 하지 않더군요. 묵비권을 행사하는 거죠. 반대로 변호인은 말도 안 되는 얘기로 계속 억지를 써 대고 있고요."

"그렇군요."

볼테르 씨도 거들었습니다.

"나는 판사가 더 기가 막히더군. 디드로 검사가 아무리 항의를 해도 내내 지켜보기만 하더라고. 디드로 검사의 신문은 툭하면 제지를 하면서도 말이야. 재판 분위기로 보아 내일 판결은 무죄로 나올 게 거의 확실한 거 같아."

이어서 로자 아주머니가 루소 씨를 보며 말했습니다.

"이번에 재판을 맡은 판사들이 왕실로부터 단단히 협박을 받은 모양이더라고요. 삼권 분립이니 사법권의 독립이니 하는 건 어차피 지켜진 적도 없지만, 그래도 화가 나서 견딜 수가 없네요. 내일 시위는 판결이 나오자마자 곧바로 시작하는 게 좋겠어요."

"동감일세."

루소 씨는 굳은 표정으로 고개를 끄덕였습니다.

"혹시 다른 의견 있나요? 없으면 그렇게 하기로 하겠습니다. 회의가 끝나는 대로 전단을 만들어 보내 드리지요."

"전단 내용과 관련해서 말씀드릴 게 있습니다."

"예, 로크 변호사님, 말씀하십시오."

"저희는 헌법 재판소에 헌법 소원을 제기할 생각입니다. 귀족이 관련된 재판에서 3심 제도를 따르지 않는 건 헌법에 정해진 기본권을 위반하는 것이거든요. 아시겠지만, 왕국 헌법 제11조 1항에는 '모든 국민은 법 앞에 평등하다'고 되어 있습니다."

"그래서 전단지에 그 내용을 넣어 달라는 말씀인가요?"

"네. 국민들에게 널리 알려야 하니까요. 국민의 기본권을 지키라는 구호도 만들었으면 하고요."

"그렇게 하지요. 전단과 구호의 내용은 여러분의 의견을 따라서 정하겠습니다. 오늘 회의는 이걸로 마치고 나중에 결정되는 사항은 바로 전달해 드리겠습니다."

회의를 마치자 루소 씨는 막둥이를 꼭 끌어안아 주었습니다.

"힘들지? 어때, 괜찮니?"

막둥이는 오전 내내 긴장하고 있었던 탓에 반쯤 얼이 빠져 있었습니다. 루소 씨의 말도 제대로 안 들릴 정도였습니다.

로자 아주머니도 걱정스럽게 물었습니다.

"괜찮니?"

"네. 좀 괜찮아졌어요."

"힘내. 이제 증언만 잠깐 하고 버티면 돼."

로자 아주머니는 토닥토닥 등을 두드려 주었습니다.

"로크 변호사님하고 볼테르 씨도 계속 수고해 주시고요."

"예, 루소 씨도 힘내세요. 우린 다시 가 보겠습니다."

회오리 클럽의 회의는 그렇게 금세 끝났습니다. 하지만 왕실 비밀회의는 그렇지 않았습니다.

여왕이 다시 총리에게 물었습니다.

"무죄 선고가 알려지면 아무래도 시끄러워질 텐데, 그에 대한 대책은 있는 건가요?"

"제 생각에도 많이 시끄러울 것 같습니다. 그래 봤자 당장 별일은 없겠지만, 어쩌면 두고두고 사회를 불안하게 만들지도 모릅니다. 그래서……"

"그래서요?"

"이참에 계속 미뤘던 전쟁을 시작하는 게 어떨까 싶습니다."

여왕은 만족스러운 표정으로 고개를 끄덕이며 말했습니다.

"전쟁? 그거 괜찮군요. 어차피 할 것이라면 지금 하는 게 좋겠지."

승려 라스푸틴도 거들었습니다.

"그럼 내일 재판이 끝나면 곧바로 흰개미 왕국에 선전 포고를 합시다. 시끄러워질 틈을 아예 주지 않는 게 좋을 테니까요."

하지만 중앙정보부장 프랑코는 신중했습니다.

"당장 전쟁에 돌입할 수는 없지 않을까요? 침략 전쟁은 헌법에서도 금지하고 있고, 국제법으로도 문제가 됩니다."

"이봐요, 정보부장님!"

갑자기 라스푸틴이 언성을 높였습니다.

"지금 헌법이 문제고 국제법이 문제입니까? 불순한 놈들 때문에 국가 안전이 위태로운 판국이잖아요."

라스푸틴의 호통으로 회의실은 잠시 침묵에 휩싸였습니다. 사실 아무런 직책도 없는 한낱 승려가 이런 비밀회의에 참석한 것만 해도 말이 되지 않았습니다. 그런데 이렇게 기세등등하기까지 한 것입니다. 이 모든 게 여왕의 총애 때문임은 말할 것도 없습니다.

"침략 전쟁인 게 문제라면 침략처럼 안 보이게 하면 됩니다."

침묵을 깬 건 국방부 장관이었습니다.

"전에도 잠시 말씀드렸지만, 우리가 먼저 공격을 받은 것처럼 꾸미면 아무 문제 없습니다."

"먼저 공격을 받은 것처럼 꾸민다고요?"

여왕은 재미있겠다는 표정이었습니다.

"예, 폐하. 이건 예전부터 준비해 온 작전인데, 우리 군대를 이용해서 적군이 우리 기지를 공격한 것처럼 위장하는 것입니다."

"그러니까 우리 군대로 우리 기지를 공격한다?"

"피해를 최소한으로 줄이면서 흰개미 부대의 공격을 받았다는 흔적만 남기면 됩니다."

라스푸틴이 또 끼어들었습니다.

"그게 말처럼 쉽겠소?"

"키클롭스 장군이 재판 중이니 친위대가 작전을 맡기는 어렵습니다. 대신 전방의 특수 부대를 쓰면 됩니다. 적군 복장을 하고 새벽에 몰래 국경의 우리 기지를 공격하라고 하는 겁니다. 이건 식은 죽 먹기입니다."

"음, 식은 죽 먹기라……."

왕실 회의는 계속 전쟁 논의로 흘렀습니다. 이젠 재판 따위에는 관심도 없는 것처럼 보였습니다.

그 시각, 재판은 막판으로 치닫고 있었습니다.

볼테르 씨의 말처럼, 키클롭스는 오전의 피고인 신문 때 묵비권을 썼습니다. 디드로 검사의 질문에 처음부터 끝까지 입을 꾹 다물었던 것이지요. 반면 변호인의 질문에는 새빨간 거짓말을 늘어놓았습니다. 심지어 그날 자기는 전차를 탄 적이 없다고까지 했습니다.

오후에 시작된 증인 신문에서는 막둥이와 볼테르 씨가 검사 쪽 증인으로 나왔습니다. 디드로 검사는 날카로운 질문으로 생생한 증언을 이끌어 냈습니다. 덕분에 키클롭스의 뺑소니 범죄는 거의 사실로 드러났습니다.

하지만 키클롭스의 변호인은 반대 신문에서 증인들의 자격을 문제 삼았습니다. 교육도 못 받은 일개미나 국적도 없는 노숙자를 증인으로 인정할 수 없다는 것이었습니다. 그러면서 엉터리 증인을 내세워 키클롭스가 그날 그 시각에 다른 곳에 있었다고 주장했습니다.

디드로 검사는 두 개미가 증인이 못 될 이유가 없다고 맞섰습니다. 형

사 소송법에 따르면 국적이 있는지 없는지, 교육을 받았는지 못 받았는지는 아무 문제도 안 된다고 주장했습니다.

증인 신문이 다 끝나고 검사의 논고(검사가 피고인의 범죄 사실과 그에 대한 법률 적용에 관한 의견을 진술하는 일)와 변호인의 마지막 변론, 그리고 피고인의 최후 진술이 있었습니다. 디드로 검사는 징역 5년을 요구했습니다. 그리고 긴 논고를 이렇게 끝냈습니다.

"사건의 진실은 불을 보듯 뻔합니다. 그런데도 피고인이 무죄를 선고받는다면 이 나라의 민주주의는 이제 완전히 숨통이 끊어졌다고 해도 지나치지 않을 것입니다. 재판장님의 올바른 판단을 기대합니다."

변호인은 사건이 있었다는 증거도 없다며 피고인이 무죄라고 호소했습

니다. 그리고 피고인 키클롭스는 이렇게 말했습니다.

"하찮은 일개미와 거지의 말을 어떻게 믿을 수 있겠습니까. 저와 여왕 폐하는 판사님께서 현명한 판단을 해 주실 걸로 굳게 믿습니다."

판사는 서둘러 재판을 마쳤습니다. 이제 하루 뒤에 열릴 판결을 알리는

선고 공판만 남았습니다.

중요한 재판이 이렇게 빨리 끝나는 건 민주주의 국가라면 있을 수 없는 일입니다. 하지만 엉겅퀴 왕국에서는 그다지 신기할 것도 없는 일이었습니다.

이런 법 저런 법

법원 조직

법원은 하나만 있는 게 아니야. 맡아 하는 재판의 종류에 따라 여러 가지 법원이 있어. 일반 법원은 대법원을 꼭대기로 해서 하나의 조직을 이루고 있어. 최고 법원인 대법원 아래 고등 법원들이 있고, 그 아래에 지방 법원들과 가정 법원, 행정 법원 등이 있지. 군사 법원은 군인이나 군대와 관련된 재판만을 맡아 하는 특별 법원이야.

사법권의 독립

법원이 사건을 재판할 때 누구의 명령이나 지휘에도 따르지 않는 원칙을 '사법권의 독립'이라고 해. 옛날에는 왕이나 종교 지도자 같은 권력자들이 재판에 간섭하며 판결에 영향을 주는 일이 많았어. 사법권의 독립은 바로 그런 간섭이나 압력을 받지 않도록 하기 위한 것이었지. 하지만 오늘날에는 삼권 분립의 원리에 따라 입법부와 행정부에서 독립하여 법과 양심에 따라 공정한 재판을 할 수 있는 상태를 말해.

3심 제도

한 사건에 대하여 세 번 심판을 받을 수 있는 제도를 '3심 제도'라고 해. 재판을 받는 사람은 제1심, 즉 첫 번째 재판의 결과에 따를 수 없으면 더 높은 법원에 다시 재판을 청구할 수 있는데, 이것을 항소라고 해. 항소의 결과에도 따를 수 없으면 마지막으로 가장 높은 법원에 재판을 청구할 수 있어. 이것은 상고라고 불러. 제1심은 지방 법원, 항소 재판은 고등 법원, 상고 재판은 대법원에서 각각 맡지.

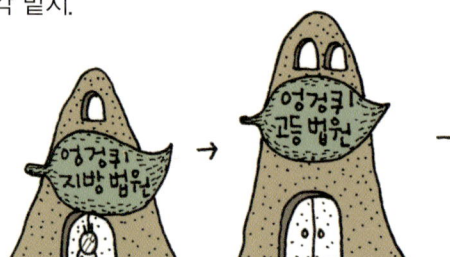

원고와 피고

소송 당사자 가운데 피해를 입었다고 주장하며 법원에 재판을 청구한 사람을 원고라고 해. 반대로 원고의 상대방으로 재판을 받아야 하는 사람을 피고라고 해.

판결의 선고

법원이 재판을 통해 내린 결정을 소송 당사자에게 알리는 것을 '판결의 선고'라고 해. 보통 재판장이 법정에서 판결문을 읽는 식으로 하지. 법원의 판결은 선고를 하지 않으면 판결의 효력이 생기지 않아.

헌법 재판소

헌법 재판을 담당하는 국가 기관을 '헌법 재판소'라고 해. 헌법 재판이란 헌법의 내용을 어떻게 해석하고 적용할지에 관한 다툼을 해결하는 재판을 말해. 다르게 말하면 국가 기관이 헌법 정신을 올바로 지키는지, 국민의 자유와 권리를 제대로 보장하는지 판정하는 재판이지.

헌법 재판소는 헌법 소원 심판과 위헌 법률 심판을 주로 맡아 해. '헌법 소원'이란 국가 권력에 의해 헌법에 보장된 기본권이 침해받았을 때 국민이 헌법 재판소에 판단을 요청하는 것을 말해. 법원이 직접 요청해서 법률이 헌법에 어긋나는지 아닌지 판단하는 것은 '위헌 법률 심판'이라고 해. 그 밖에도 국회의 요구에 따라 대통령이나 국무총리, 법관 같은 높은 공무원이 헌법이나 법률을 어겼을 때 처벌이나 파면을 결정하는 탄핵 심판도 담당해.

헌법 재판소의 재판관은 모두 아홉 명으로, 대통령과 국회, 대법원장이 세 명씩 뽑게 되어 있어. 세 곳에서 나누어 뽑는 건 조금이라도 더 공정한 재판을 하기 위해서야.

잠깐 토론

국민의 기본권을 제한할 수 있을까?

토론자 로크 변호사, 중앙정보부장 프랑코

로크 반갑습니다, 변호사로 일하는 로크라고 합니다.

프랑코 반갑소. 중앙정보부장 프랑코요.

로크 네? 오늘 주제는 기본권에 관한 건데 왜 중앙정보부장님이 나오셨지요?

프랑코 안 될 거 있습니까? 기본권은 법률 전문가만 얘기해야 된다는 법 있나요? 나도 옛날에 법에 대해 공부했소. 그리고 중앙정보부장이 기본권에 관심 없을 것 같소? 어서 토론이나 시작합시다.

로크 그, 그럴까요.

프랑코 나는 그렇게 생각합니다. 기본권이라는 게 헌법으로 보장된 국민의 권리이긴 하지만, 국가의 안전보다 더 가치가 있는 것은 아니다, 이렇게 말이죠.

로크 그럼 국가에 위험이 생기면 기본권은 당연히 제한된다는 말씀인가요?

프랑코 제한은 당연한 거고, 완전히 정지시킬 수도 있다고 봐요. 생각해 봐요, 국가가 없으면 국민이 있을 수 있겠소? 국가가 안전해야 국민의 기본권도 지켜 줄 수 있는 겁니다.

로크 꼭 그렇진 않습니다. 거꾸로 국민이 있어야 국가가 있다고 말할 수도 있으니까요. 국가는 국민을 위해 있는 거라고 생각하는 게 맞습니다. 그러니 국가의 안전을 지킨답시고 국민의 기본권을 함부로 제한하고 심지어 정지시켜 버린다는 건 말이 안 되죠.

프랑코 그게 왜 말이 안 됩니까? 국가는 국민과 분리할 수 없어요. 국가가 위험하다는 건 곧 국민이 위험하다는 뜻이 되는 거예요. 그러니 국가가 위태로워지면 국민도 피해를 감수해야 하는 게 맞아요.

로크 그런 점이 분명 있습니다. 그래서 저도 전쟁 같은 큰 재난을 당했을 때는 어쩔 수 없이 국민의 기본권을 제한할 수 있다고 봅니다. 하지만 그렇다 하더라도 기본권의 핵심을 건드려서는 안 됩니다. 그건 개미의 존엄성에 해당하는 내용이니까요. 존엄성마저 제한하거나 정지시키면 개미가 개미답게 살 수 없다는 뜻이지요.

프랑코 존엄성요? 아니, 나라가 무사해서 내가 목숨 붙이고 사는 것보다 더 큰 존엄성이 어디 있어요? 나라가 잘되면 국민들도 저절로 잘되게 돼 있어요.

로크 그건 독재자들이나 하는 생각 같은데…….

프랑코 하하하. 독재자라……. 뭐라고 불러도 상관없어요. 이건 내 신념이에요. 민주주의는 국가를 통해서만 이루어집니다. 국민이 국가에 대항할 순 없어요.

로크 아, 예. 토론 즐거웠습니다, 정보부장님.

프랑코 왜 그러십니까? 난 더 얘기하고 싶은데? 당신 같은 변호사들한테 사실 할 말이 많아요.

로크 아, 다음에요. 전 바빠서 이만…….

8장
전쟁과 봉기

선고 공판이 끝났습니다. 예상했던 대로 피고인 키클롭스 장군에게 무죄가 선고되었습니다.

판사가 판결문을 읽어 내려가는 동안 키클롭스 장군은 무서운 눈으로 막둥이 일행을 노려보았습니다. 그 소름 끼치는 모습에 막둥이는 심장이 얼어붙는 것만 같았습니다.

판사가 재판 종료를 알리자, 키클롭스는 벌떡 일어나 디드로 검사와 막둥이 쪽으로 삿대질을 하며 외쳤습니다.

"쥐새끼 같은 놈들, 단단히 각오해라! 더 이상 세상 구경 못 하게 해 줄 테니."

법정을 나와서는 기자들에게 무고(거짓으로 꾸며 고소하는 일)와 명예 훼손 혐의로 막둥이를 고소하겠다고 밝혔습니다.

"선량한 시민에게 없는 죄를 뒤집어씌워 왕실과 귀족의 명예를 모욕한 자들을 모두 고소할 겁니다. 오늘 판결은 우리 사회에 아직도 정의가 살아 있다는 걸 보여 주었습니다."

물론 디드로 검사와 로크 변호사의 생각은 달랐습니다.

"완벽한 증언조차 무시해 버린 재판부를 용서할 수 없습니다. 이번 판결은 민주주의 사회라면 있을 수 없는 부끄러운 일입니다."

"이 재판의 결과에 절대 따를 수 없습니다. 법원은 사법권 독립의 원칙도, 국민의 기본권도 지키지 못했습니다. 우리는 국회에 담당 판사의 탄핵을 청원할 겁니다. 아울러 사법부에 압력을 넣어 부당한 판결을 내리도록 한 사악한 정권을 국민과 민주주의의 이름으로 강력히 규탄합니다."

로크 변호사는 커다란 눈을 깜박거리며 또박또박 단호하게 말했습니다. 디드로 검사와 로크 변호사의 표정에는 한 치의 두려움도 보이지 않았습니다.

한편 법원 밖에서는 큰 소란이 일어나고 있었습니다. 몇 천 명이나 되는 군중이 구호를 외치며 시위를 벌이기 시작했기 때문입니다.

"민주주의 짓밟는 독재 정부 물러나라!"

"왕실의 하수인 노릇 하는 사법부는 반성하라!"

"뺑소니 운전자 키클롭스를 당장 체포하라!"

경찰들은 시위대에 밀려 쩔쩔맸습니다. 전날 몇천 명의 병력으로 철통같은 경비를 했다가 허탕을 친

경찰이 오늘은 겨우 200~300명만 배치했기 때문입니다.

광장 여기저기에는 회오리 클럽에서 급히 뿌린 전단들이 어지럽게 굴러다녔습니다. 전단에는 이렇게 쓰여 있었습니다.

평화와 민주주의를 사랑하는 시민들께

시민 여러분.

오늘 정부는 우리를 또 한 번 모욕했습니다. 법원이 뺑소니 사고 범죄자 키클롭스 장군에게 무죄를 선고했습니다. 그 사고 때문에 한 시민이 크게 다쳐서 불구가 될 뻔했는데도 말입니다.

무죄 선고보다 더 화가 나는 건 제대로 된 재판도 받지 못했다는 것입니다. 왕국 헌법 제11조 1항에는 '모든 국민은 법 앞에 평등하다'고 되어 있습니다. 또 왕국 헌법 제27조 3항은 '모든 국민은 적법하고 신속한 공개 재판을 받을 권리가 있다'고 말하고 있습니다. 하지만 정부는 사법부를 조종하여 그 모든 걸 무시하게 만들었습니다.

재판은 평등하지도 적법하지도 않았고, 제대로 공개되지도 않았습니다. 3심 제도도 무시한 채 오로지 신속하기만 했을 뿐입니다. 도대체 한낱 법률에 불과한 귀족 존중법 때문에 헌법이 무시당하는 게 말이나 됩니까? 이게 과연 헌법이 있는 나라에서 있을 수 있는 일입니까?

저희들은 제대로 된 재판을 요구하기로 했습니다. 그리고 국민의 이름으로 저들과 맞서기로 했습니다.

평화와 민주주의를 사랑하는 시민 여러분.

부디 이 글을 보는 대로 왕궁 앞 광장으로 달려 나와 주십시오. 이제 국민의 힘을 보여 주어야 할 때입니다. 두려워하지 마십시오. 역사는 여러분의 편입니다. 이 나라는 국민의 것입니다.

민주 혁명 10년 9월 23일

그 무렵 왕실의 기자 회견실에서는 국방부 장관이 중대한 발표를 하고 있었습니다. 기자 회견은 텔레비전과 라디오로 온 나라에 생중계되었습니다. 급하게 모인 기자들은 뭔가 심상치 않은 일이 벌어졌다는 소문에 다들 긴장한 표정이었습니다.

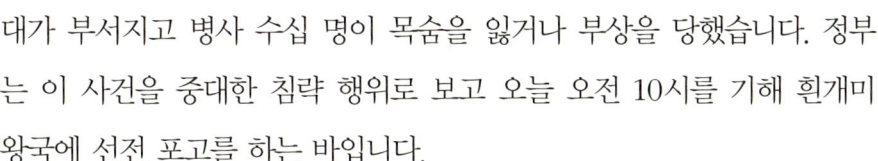

"긴급 상황입니다. 오늘 새벽 5시 30분에 동부 전선 제3전차 부대가 흰개미 군대의 기습 공격을 받아, 전차 열 대가 부서지고 병사 수십 명이 목숨을 잃거나 부상을 당했습니다. 정부는 이 사건을 중대한 침략 행위로 보고 오늘 오전 10시를 기해 흰개미 왕국에 선전 포고를 하는 바입니다.

아울러 역시 오전 10시를 기해 계엄령을 선포하고, 언론·출판·집회·결사의 자유를 제한합니다. 또한 모든 병사들에게 부대로 즉각 복귀할 것과 예비군의 소집에 긴급히 응할 것을 명령합니다."

기자 회견실이 순식간에 소란스러워졌습니다. 흥분한 기자들의 질문이 정신없이 쏟아졌습니다.

"질문은 딱 세 개만 받겠습니다. 질문하실 분은 손을 드세요. 네, 거기 기자분."

"흰개미 군대의 공격이라고 했는데, 확실한 증거가 있는 겁니까?"

"그럼 증거도 없이 그렇게 주장하겠습니까? 충분히 조사를 한 다음 결론을 내렸습니다. 다음 질문 받습니다."

"이미 전투를 벌이고 있는 건 아닙니까?"

"이 기자 회견 직전에 전투 개시 명령을 내렸습니다. 동부 전선과 남부 전선에서 벌써 전투를 벌이고 있습니다. 다음 분?"

"헌법에는 전쟁 선포를 할 때는 국회의 동의를 얻어야 한다고 되어 있는데, 절차는 제대로 밟은 겁니까?"

"국가 안전법에 따르면 국가 안전이 위태로울 때는 국회의 동의 없이 선전 포고를 할 수 있게 돼 있습니다. 이 나라에 법이 헌법만 있는 건 아니지 않습니까?"

"그렇지만 헌법은 법률보다 우선해서……."

"질문 그만 받습니다. 이상으로 기자 회견을 마치겠습니다."

국방부 장관은 아우성치는 기자들을 놔두고 기자 회견실 밖으로 휙 나가 버렸습니다.

전쟁이 벌어졌다는 소식은 법원 앞에서 한창 시위를 벌이고 집회를 열고 있던 개미들에게도 전해졌습니다. 경찰이 맥없이 쫓겨나 법원 앞 광장이 시위대 차지가 된 직후였습니다.

"여러분!"

한 개미가 법원 돌계단에 올라 연설을 시작했습니다. 꿀단지개미 루소였습니다.

"저는 회오리 클럽의 대표 루소라고 합니다. 여러분에게 긴급히 드릴 말씀이 있어서 이렇게 나왔습니다."

수많은 개미들의 시선이 루소에게 집중되었습니다.

개미들은 대부분 그를 알고 있었습니다. 꿀물을 받아 마시러 가면 늘 보는 얼굴이었으니까요. 하지만 그 개미가 회오리 클럽 대표 루소라는 걸 아는 개미들은 그다지 많지 않았습니다. 그래서 대부분 눈이 휘둥그레졌지요.

"방금 정부가 흰개미 왕국에 선전 포고를 했다고 합니다. 다시 전쟁이 벌어진 겁니다. 병사들에게 복귀 명령이 내려졌고, 예비군들도 한 시간 안에 소집될 것입니다. 여기에 병정개미 분들도 많으신데, 빨리 대책을 세워야 합니다."

개미들은 술렁이기 시작했습니다. 사실 시위대의 상당수가 군대에 있는 병정개미였습니다. 대부분 오늘 시위를 위해 미리 휴가를 내거나 멋대로 빠져나온 상황이었습니다.

"그리고 계엄령도 함께 선포되었습니다. 조금 있으면 경찰이 아니라 군인들이 이곳으로 온다는 얘기입니다."

그때 군중 속에서 몸집이 우람하고 검은 털로 뒤덮인 개미 하나가 계단 위로 올라왔습니다. 바로 노예 개미 지도자 스파르타쿠스였습니다.

"저는 전쟁 노예 스파르타쿠스라고 합니다."

군중 속에서 "와." 하는 함성이 터져 나왔습니다.

"기어코 전쟁이 났군요. 이제 우리 같은 전쟁 노예들은 전쟁터로 끌려가서 꼼짝없이 총알받이 노릇을 해야 합니다. 그렇지 않아도 노예 주제에 파업을 해서 끔찍한 감옥살이는 맡아 놓은 거나 다름없었지요."

이번에는 조금 작게 한숨 소리가 새어 나왔습니다. 스파르타쿠스도 우울한 듯 잠시 눈을 감았다 떴습니다.

"그러고 보면 전쟁이 났다고 해서 큰일 날 것도 없군요. 전쟁터에서 죽으나 감옥살이하다 죽으나 마찬가지니까요. 그래서 우리 전쟁 노예들은 그냥 여기 남아 정부와 싸우려고 합니다. 새로운 민주 정부를 세우지 못하면 미래는 없으니까요."

스파르타쿠스의 말에 한꺼번에 "옳소."라는 말이 울려 퍼졌습니다.

이번에는 업복이 아저씨가 앞으로 나왔습니다.

"저는 늙은 병정개미 업복이라고 합니다."

시위대는 다시 조용해졌습니다. 업복이 아저씨는 긴장되는지 헛기침을 두어 번 했습니다.

"나는 아직도 예비군이라오. 그래서 전쟁터로 나가게 되어 있지만 오늘만큼은 전혀 그러고 싶지 않구려. 여기에 남아서 여러분과 함께 싸우고 싶으니 말이오."

여기저기서 다시 "옳소."가 터져 나왔습니다.

"이렇게 계엄령까지 내리고 선전 포고를 한 걸 보면 진짜로 전쟁을 할 건가 봅니다. 아마 곧 애국심을 들먹이며 전쟁터로 나가자고 외칠 겁니다. 하지만 우리에게 국민 대접도 안 해 주는 나라를 왜 우리가 지켜야 합니까!"

또다시 "옳소."가 나왔습니다. 이번에는 아주 큰 소리로 한꺼번에 울려 퍼졌습니다.

"우리는 전쟁터에 나가 목숨을 바쳐야 할 이유가 없어요. 아니, 그래서는 안 돼요. 지금 우리가 가야 할 곳은 바로 왕궁이에요. 민주주의를 짓밟은 주제에 멋대로 전쟁까지 일으켜 시민들을 죽음으로 몰아넣는 자들을 당장 몰아내야 합니다!"

시위대는 흥분하기 시작했습니다. 광장은 금세 분노한 시민들의 외침으로 가득 찼습니다.

"여왕을 끌어내자!"

"민주주의를 되살리자!"

갑작스런 전쟁 선포로 사태는 회오리 클럽 회원들이 처음에 생각했던 것보다 훨씬 심각하게 흘러갔습니다. 하지만 어차피 닥칠 일이었는지도 모릅니다. 적어도 회오리 클럽 회원들은 대부분 그렇게 생각했습니다.

어느덧 시위대 일부가 왕궁 쪽으로 움직이기 시작했습니다. 누가 시작했을까요? 10년 전 2월 혁명 때 널리 불렸던 노래가 하늘 높이 울려 퍼지고 있었습니다.

깨어라 시민들의 군대
굴레를 벗어 던져라
정의는 분화구의 불길처럼
힘차게 타오른다!

바로 그때였습니다. 광장 한쪽 도로에서 장수풍뎅이 전차들이 우르르 몰려나왔습니다. 전차에는 친위대 병사들이 타고 있었습니다.
"돌진하라!"
사령관 키클롭스의 명령이 온 광장에 쩌렁쩌렁 울렸습니다. 광장은 전차 소리와 비명으로 가득 차며 순식간에 아수라장이 되었습니다.

그런 가운데 스파르타쿠스의 우렁찬 목소리가 들렸습니다.
"여러분, 일단 피했다가 왕궁 앞에 다시 모입시다!"
얼마 뒤 광장에는 쓰러진 시위대 개미들과 친위대 전차, 총을 든 병사들만 남았습니다. 사방에 고통에 찬 비명이 가득했고, 여기저기에 핏자국이 널려 있었습니다.

법원 앞 시위는 그렇게 진압되고 말았습니다. 이제 광장은 마치 모든 게 끝나 버린 것처럼 고요했습니다. 겉으로만 보면 말이지요.

**이런 법
저런 법**

국회의 동의

대통령과 행정부는 국가 전체를 이끌며 나라의 행정을 책임지지만 그렇다고 모든 것을 마음대로 할 수 있는 것은 아니야. 삼권 분립의 원리에 따라 입법부인 국회의 의견을 따라야 하는 게 많거든. 예를 들면 대통령이나 행정부가 제출한 법률안과 예산안은 국회의 의결을 통과해야 확정돼. 장관이나 대법원장 같은 높은 공무원을 임명하거나 전쟁 선포, 국제 조약 체결을 할 때도 반드시 국회의 동의를 받아야 하지.

계엄령

국가가 비상사태일 때 대통령이나 총리 같은 국가 최고 통치권자가 군사 권력을 동원하여 사회의 질서와 안전을 유지할 수 있는 권한을 '계엄령'이라고 해. 계엄령이 내려지면 헌법의 일부 효력이 일시적으로 중지될 수 있어. 예를 들면 행정부와 사법부의 권한과 국민의 기본권인 언론·출판·집회의 자유가 온전히 보장되지 않아.

계엄령은 전쟁처럼 국가와 국민 전체를 위태롭게 하는 비상사태가 벌어졌을 때에만 쓸 수 있어. 안 그러면 독재 정치의 수단으로 쓰일 수 있거든. 계엄령이 선포되어도 국회가 하는 일을 제한할 수 없게 한 건 바로 그 때문이야. 대통령은 계엄을 선포하면 곧바로 국회에 알려야 하고, 국회가 해제하라고 요구하면 반드시 해제해야 하지.

선전 포고

전쟁을 시작한다는 뜻을 전쟁 상대 나라 정부에 정식으로 알리는 것을 '선전 포고'라고 해. 알리는 방법은 따로 법으로 정해져 있지는 않아. 그러나 대개 외교관을 통해 전쟁의 뜻을 밝힌 정식 문서를 전달하는 방식으로 하지. 선전 포고는 보통 전쟁을 시작하기 전에 미리 이루어져. 하지만 가끔 전투를 먼저 시작하고 나중에 선전 포고를 하는 경우도 있어. 제2차 세계 대전 때 일본군은 미국 하와이의 진주만을 공격하고서 한 시간 뒤에야 선전 포고를 했거든.

국제법

국가와 국가 사이에 여러 가지 조약이나 관습을 바탕으로 만들어진 법을 '국제법'이라고 해. 주로 국가들끼리의 관계를 다루지만, 최근에는 개인이나 국제 연합 같은 국제 조직들이 관련한 문제를 해결하는 일도 많아. 오늘날에는 국가들 사이의 조약이 엄청나게 많아졌어. 그리고 세계 인권 선언이나 국제 인권 규약처럼 국제기구에서 많은 나라들이 모여 만든 국제 조약이나 규약도 크게 늘어났지. 덕분에 국제법은 점점 더 중요하고 강력해지고 있어.

국제 사법 재판소

국제 사법 재판소는 국가들 사이에 다툼이 생겼을 때 국제법에 따라 해결해 주는 국제 사법 기관이야. 국가들의 법원인 셈이지. 1945년에 국제 연합, 곧 유엔이 창설될 때 함께 만들어졌어. 국제 연합에 가입한 나라는 물론이고 가입하지 않은 나라도 도움을 받거나 규정을 따라야 할 수도 있어.

여왕을 폐위시켜야 할까?

토론자 왕실 대변인 뒤포르, 디드로 검사

뒤포르 반갑습니다, 디드로 검사님. 이번에 큰일을 하셨지요?

디드로 큰일은요. 늘 비겁하게 살다가 처음으로 한번 양심을 따른 거죠. 아무튼 저도 반갑습니다. 왕실과 친한 분으로 알고 있지만, 함께 토론하게 돼서 영광입니다.

뒤포르 저는 검사님의 이번 기소가 옳다고 생각합니다. 그리고 검사님의 여러 생각에도 동의하는 편입니다. 다만 여왕을 폐위해야 한다는 말씀에는 절대 찬성할 수가 없습니다.

디드로 왜죠?

뒤포르 여왕은 우리나라의 상징이며 어른입니다. 그런 분을 실수 좀 했다고 해서 폐위시켜야 한다는 건 지나치죠. 저는 정치에 일일이 참여하지 못하도록 왕의 권한을 줄이는 정도로 충분하다고 생각합니다.

디드로 여왕이 우리나라의 상징이고 어른이라고요? 나라를 대표하고 상징하는 건 대통령도 할 수 있습니다. 굳이 왕이 그 역할을 할 필요가 없습니다. 그리고 왕의 자리를 보장한다는 것 자체가 이미 특권 계급을 인정하는 것입니다. 이건 모든 국민이 법 앞에 평등하다는 민주주의의 원칙을 무시하는 거예요.

뒤포르 그렇지 않습니다. '존재하되 군림하지 않는다'는 원칙만 지킨다면 민주주의를 훼손할 일이 없습니다. 그리고 예전부터 여왕과 왕실은 우리나라의 상징이었습니다. 왕의 품위로 나라를 빛내거나 국민에게 도움을 줄 수도 있고요.

디드로 나라를 빛내거나 국민에게 도움을 줄 개미는 많습니다. 그런 말도 안 되는 이유 때문에 왕이나 왕족 같은 특권 계급을 허용할 순 없습니다.

뒤포르 특권 신분이라고 할 수도 없습니다. 정치에 참견도 못 하는 왕인데요. 그런

왕이라면 우리나라 전통으로 인정해 줘도 된다고 생각합니다. 국민들을 하나로 단결시키는 데도 좋고요.

디드로 민주주의를 훼손하는 그런 위험한 전통은 필요 없다고 생각합니다. 하나로 단결시킨다는 것도 위험한 생각입니다. 민주 시민이라면 필요할 때 알아서 단결하게 돼 있어요.

뒤포르 아무튼 오랫동안 있어 왔던 여왕을 없앨 수는 없습니다. 그렇게 막 바꾸는 게 좋은 건 아니라는 말입니다. 지킬 건 지켜야죠.

디드로 지킬 게 없어서 그런 걸 지키나요? 좋은 전통이라면 지켜야겠지만, 그건 분명 민주주의 정신에 어긋나는 제도입니다.

뒤포르 저와 생각이 많이 다르시군요.

디드로 왕당파이시니 저와 같을 리가 없죠.

뒤포르 말 함부로 하지 마세요. 저는 입헌 군주제를 주장하는 개미입니다.

디드로 아, 그러신가요? 왜 제 눈에는 그냥 여왕에 충성하는 분으로만 보일까요?

뒤포르 더 이상 할 말 없습니다. 토론은 이만 마치는 게 좋겠습니다.

디드로 저야말로 그렇습니다. 토론 즐거웠습니다, 왕당파 선생님.

9장
새 헌법, 새 정부

혁명 10년 9월 24일, 그러니까 법원 앞 광장에서 시위가 벌어지고 난 다음 날에 혁명 정부가 만들어졌습니다. 엉겅퀴 3세 일당은 혁명군에게 체포되어 모두 감옥으로 갔습니다. 한낱 힘없는 일개미의 일이 이렇게 엄청난 사건으로 이어질지 도대체 누가 알았을까요?

혁명이 성공하기까지 많은 사건들이 벌어졌습니다. 그리고 수많은 시민들의 희생이 있었지요. 하지만 한 영웅의 특별한 활약이 없었으면 아마 혁명은 실패로 돌아가고 말았을 것입니다. 민주주의의 운명을 결정짓던 그날의 일을 막둥이는 아직도 잊지 못합니다.

재판이 있던 날, 법원 앞 광장에서 친위대의 습격을 받은 시위대는 이리저리 흩어져 버렸습니다. 하지만 시위가 끝난 것은 아니었습니다. 한 시간쯤 지나서 왕궁 입구에 수천 명이 다시 모여들었으니까요. 스파르타쿠스가 외친 말이 제대로

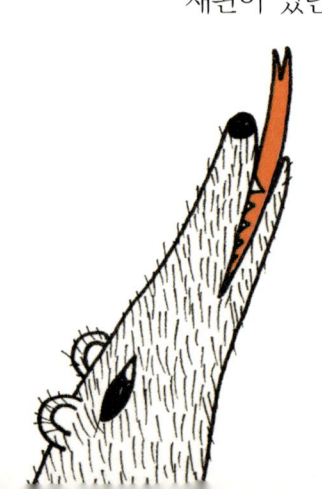

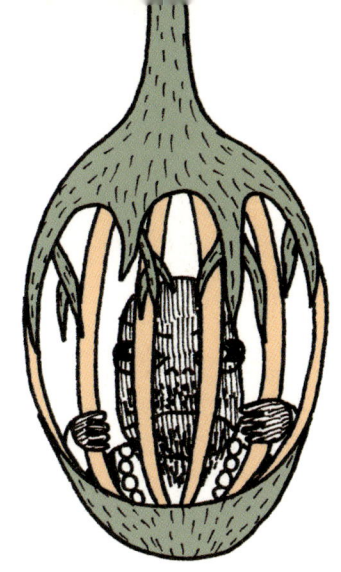

전해진 모양이었습니다.

  사실 그건 미리 준비했던 말은 아니었습니다. 스파르타쿠스는 그저 참담한 심정을 솔직하게 말했을 뿐입니다. 아무튼 그 덕분에 시위대는 다시 모였습니다. 게다가 친위대의 습격 소식을 들은 다른 시민들까지 합세해서 수는 오히려 더 늘어났습니다. 다만 뭘 어떻게 해야 할지는 아무도 몰랐습니다.

  왕궁 앞은 이미 경찰과 친위대 병사들이 진을 친 상태였습니다. 당장이라도 쏠 듯이 총을 겨눈 병사들이 적어도 몇백 명은 되어 보였고, 그 뒤로는 전차 수십 대가 늘어서 있었습니다. 시위대가 몰려올 거라는 정보를 듣고 황급히 불러 모은 모양이었습니다.

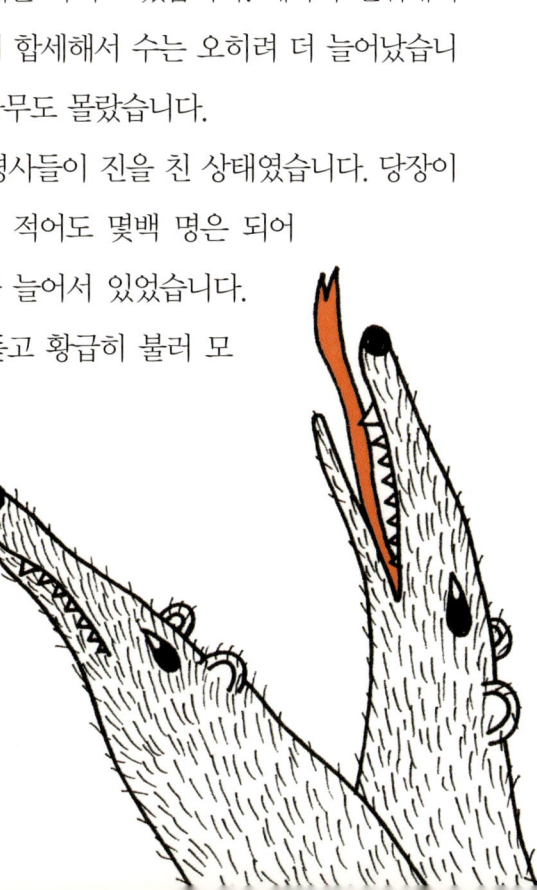

시위대는 그 살벌한 분위기에 눌려서 감히 구호를 외칠 생각도 못 했습니다. 그런 가운데 경찰의 협박 방송까지 울려 퍼졌습니다.

"시민 여러분, 어서 돌아가십시오. 여기는 여왕 폐하가 계신 곳입니다. 10분 안에 흩어지지 않으면 총을 쏘겠습니다."

그 소리에 시위대는 꽁꽁 얼어붙어 버렸습니다. 모두가 공포와 긴장감에 사로잡힌 듯했습니다. 그건 자기도 모르게 시위대 속에 끼어 있던 막둥이도 마찬가지였습니다.

"여러분은 지금 속고 있습니다. 그들은 평화로운 나라를 뒤엎어 혼란에 빠뜨리려고 하는 흰개미 왕국의 간첩들입니다."

시위대 개미들은 잠시 웅성거렸습니다. 하지만 곧 조용해졌습니다. 왜냐하면 그건 말도 안 되는 거짓말이었기 때문입니다.

하지만 방송은 계속되었습니다.

"지금은 다른 나라와 전쟁 중입니다. 여러분은 여기서 이럴 게 아니라 전쟁터로 달려가야 합니다. 애국심을 발휘해야 할 때입니다. 마지막으로 경고합니다. 어서 돌아가십시오. 5분 뒤에는 총을 쏘겠습니다."

모두들 분노에 휩싸여 있었지만, 분노가 공포를 이길 수는 없었습니다. 시위대는 조금씩 흔들리기 시작했습니다. 한 명 두 명 빠져나가는가 싶더니 맨 뒤쪽은 어느새 무너지고 있었습니다. 놀라운 일이 벌어진 건 바로 그때였습니다.

"민주 시민 여러분, 물러서지 마십시오!"

귀에 익은 우렁찬 목소리! 그건 바로 스파르타쿠스였습니다.

"지금 물러서면 우리에게 미래는 없습니다! 민주주의는 없습니다!"

스파르타쿠스는 어느새 시위대 맨 앞에 나와 있었습니다. 확성기를 입에 대고 호소하는 그의 모습은 마치 큰 산처럼 당당해 보였습니다.

"지금 여기서 물러난다 해도 당장 전쟁터로 끌려가야 합니다! 평생 국민 대접도 제대로 못 받다가 전쟁터에서 총알받이로 삶을 마감해야 합니다! 우리는 살기 위해 이 싸움을 이겨야 합니다. 물러서면 안 됩니다!"

그때 다시 경찰의 경고 방송이 나왔습니다.

"경고합니다. 3분 남았습니다. 3분 뒤에는 쏘겠습니다."

스파르타쿠스의 연설은 더 빨라지고 씩씩해졌습니다.

"여러분, 저와 제 동료들은 총을 들 것입니다. 총을 들고 저들과 싸울 것입니다. 여러분도 저희와 함께해 주십시오. 더 이상 노예처럼 살 수 없지 않습니까? 시민 여러분, 전진합시다!"

그러자 "와." 하는 소리와 함께 시위대 속에서 노예 개미들이 우르르 몰려나왔습니다. 모두들 손에 총을 쥐고 있었습니다.

"탕탕탕!"

기어이 총소리가 울려 퍼졌습니다. 친위대와 경찰이 시위대를 향해 총을 쏜 것입니다. 노예 개미들도 총을 쏘기 시작했습니다. 결국 전투가 벌어졌습니다. 왕궁 앞은 삽시간에 아수라장이 되었습니다.

"여러분, 물러서지 마세요! 우리 수가 훨씬 많습니다."

하지만 광장 한쪽에 있던 막둥이는 정신없이 도망쳤습니다. 스파르타쿠스의 말을 들을 겨를도 없었습니다. 다른 개미들과 함께 근처의 작은 골목에 쪼그려 앉아 있는데 다시 스파르타쿠스의 목소리가 들렸습니다.

"경찰과 친위대 병사 여러분! 지금 여러분은 동포들에게 총을 쏘고 있습니다! 여러분의 형제와 누이들을 적으로 취급하고 있습니다! 당장 총을 내려놓으십시오! 그 총은 왕궁을 향해 쏘아야 합니다!"

하지만 총소리는 더욱 커지고 잦아졌습니다.

"시민 여러분, 경찰서로 가십시오! 거기에 무기고가 있습니다! 모두 총을 드십……."

갑자기 스파르타쿠스의 말이 끊겼습니다. 그리고 온 천지에 총소리만 가득했습니다. 혹시 쓰러진 걸까요? 총에 맞은 건 아닐까요? 막둥이는 몹시 궁금하고 걱정스러웠습니다.

혁명이 성공한 뒤 혁명 정부가 가장 먼저 한 일은 전쟁을 중단한 것이었습니다. 임시 대통령인 루소 씨는 흰개미 왕국과 휴전을 하고 평화 협정을 맺었습니다.

군주 제도를 철폐하고 민주 공화국을 선포한 것은 그다음이었습니다. 왕국 헌법을 고쳐 10년 전에 처음 만들어졌을 때보다도 더 민주적인 헌법을 만들겠다는 발표도 했습니다.

"새 헌법에는 특권 계급이나 신분을 결코 인정하지 않는다는 내용이 들어갑니다. 따라서 왕국 헌법에 있던 '나라를 위해 일을 할 수 없는 자는 국민이 될 수 없다', '노예는 국민의 권리를 갖지 못한다', '여왕은 국가 안보와 국민의 행복을 위해 나랏일을 돌볼 권리가 있다'처럼 계급을 정하고 차별하는 조항도 당연히 삭제됩니다. 모든 국민은 개미로서의 존엄과 가치를 가지며 행복을 추구할 권리를 가진다는 내용과 법률에 의해서만 범죄와 형벌을 규정할 수 있다는 죄형 법정주의 원칙을 더 분명하게 밝힐 것입니다. 국민에게 함부로 죄를 뒤집어씌우고 형벌을 내리는 일이 다시는 없도록 말입니다."

루소 임시 대통령은 이 헌법을 스파르타쿠스 헌법으로 이름 짓자고 제안했습니다. 새 헌법이 스파르타쿠스와 노예 개미들의 희생 덕분에 만들어질 수 있었다고 생각했기 때문입니다.

시민들은 그 제안에 찬성했습니다. 왕궁 앞에서 전투를 이끌며 용감히 싸우던 스파르타쿠스의 모습과 그 참혹한 죽음을 모두 생생히 기억하고 있었기 때문입니다. 생각해 보면 스파르타쿠스와 그가 이끌던 노예 개미 부대가 없었다면 이렇게 새로운 정부도, 헌법도 기대할 수 없었을 것입니다.

그날 스파르타쿠스는 왕궁 앞에 모인 시민들과 자신의 동료들을 끌어 모아 본격적으로 싸움을 벌였습니다. 노예 개미들이 친위대와 경찰과 싸우는 동안, 병정개미들과 일개미들을 이끌고 경찰서 무기고를 습격했습니다.

때마침 업복이 아저씨가 이끄는 회오리 클럽 회원들이 몰려와서 큰 힘이 되었습니다. 회원들은 그동안 몰래 모아 놓은 무기를 손에 들고 있었습니다. 스파르타쿠스는 경찰서에서 얻은 총으로 시민군을 만들었습니다. 그리고 곧바로 왕궁을 공격했습니다. 스파르타쿠스는 언제나 맨 앞에서 싸웠습니다.

친위대와 경찰을 무찌르는 건 어렵지만 불가능한 일은 아니었습니다. 경찰이야 본래 오합지졸이었고, 친위대는 전쟁에 참여하느라 적은 수만 남아 있었기 때문입니다. 결국 혁명군은 큰 희생을 치렀지만 왕궁을 점령하는 데 성공했습니다.

하지만 그 과정에서 스파르타쿠스는 목숨을 잃었습니다. 사실 스파르타쿠스는 죽을 뻔했다 기적처럼 살아난 적이 몇 번 있었습니다. 연설하다가 들고 있던 확성기에 총알이 맞아 목숨을 건졌던 것도 그중 하나였지요. 하지만 마지막에는 더 이상 행운이 따르지 않았습니다.

왕궁 문을 돌파하고 여왕이 숨어 있던 동쪽 궁궐로 다가갈 때, 시민군은 왕실 경호원들의 끈질긴 저항에 맞닥뜨렸습니다.

군인이나 다름없는 경호원들은 궁궐 안에 기관총 여러 대를 설치하고 마구 쏘아 댔습니다. 시민군 병사들은 총 한번 쏘아 보지 못하고 픽픽 쓰러졌습니다. 그리하여 도저히 전진할 수 없는 상황이 되었습니다.

"후퇴! 후퇴!"

다시 스파르타쿠스와 그 동료들이 나서는 수밖에 없었습니다. 그들은 훈련장과 전쟁터에서 흔히 마주치던 상황이었으니까요. 하지만 그건 정말로 위험한 일이었습니다. 모두가 죽음을 각오해야 할 만큼.

결국 기관총을 하나하나 파괴하고 왕궁을 점령했습니다. 하지만 그 대가로 스파르타쿠스 부대의 상당수가 목숨을 잃었습니다. 스파르타쿠스도 그 가운데 하나였습니다. 그는 마지막 기관총에 다가가다 기어이 총에 맞고 말았습니다.

막둥이는 그때 궁궐 밖에서 총을 들고 서 있었습니다. 너무나 무서워서 정신이 반쯤 나가 있었지요. 들고 있는 총도 언제 어디서 난 건지 알 수가 없었습니다. 그때는 다리도 웬만큼 나은 상태였지만, 이리저리 숨어서 지켜보는 것 말고는 아무것도 할 수가 없었습니다.

한동안 멈췄던 기관총 소리가 다시 요란하게 울리고 얼마 뒤, 한 노예 개미가 궁궐 밖으로 업혀 나왔습니다. 온몸이 피투성이가 된 그 개미는 바로 스파르타쿠스였습니다. 스파르타쿠스는 병원에 도착하기도 전에 숨이 멎었다고 했습니다.

한 달쯤 뒤면 국민 투표로 새 헌법이 확정되어 공포되고 새로운 정부가 만들어집니다. 그리고 이제 엉겅퀴 왕국은 새 이름의 민주 공화국이 됩니다. 그것이야말로 민주주의를 외치던 시민들이 그토록 꿈꾸던 것이었지요.

막둥이는 법원 앞 광장에서 희생된 볼테르 씨의 말을 떠올렸습니다.

'시민들이 늘 깨어서 지켜보고 싸우지 않으면 민주주의는 이룰 수도 지킬 수도 없어.'

왕궁 앞에서 크게 다친 로자 아주머니의 말도 생각났습니다.

'자유와 평등은 공짜가 아니야. 시민들이 흘린 피땀의 대가지.'

그러고 보면 민주주의는 참으로 소중한 것이었습니다. 하지만 보통 때는 다들 그런 것인 줄 모르고 살지요. 마치 우리가 늘 숨 쉬고 사는 산소처럼 말이죠.

막둥이는 어쩐지 지난 몇 달 동안 의젓한 민주 시민으로 성장했다는 느낌이 들었습니다. 그리고 그런 자신이 몹시 대견스러웠습니다.

이런 법 저런 법

민주 공화국

주권이 국민에게 있고, 국민이 선거를 통해 통치자를 뽑는 나라를 '민주 공화국'이라고 해. 왕이 혼자 결정하여 나라를 다스리는 왕국이나, 독재자와 몇몇 사람들이 국가 권력을 휘두르는 독재 정치와 반대라고 할 수 있어. 옛날에는 거의 모든 나라가 왕국이었지만, 오늘날에는 대부분 민주 공화국을 택하고 있어. 현대 사회에서는 왕이 있는 나라도 왕은 상징적인 의미일 뿐 권력이 별로 없는 경우가 대부분이야.

입헌 군주제

입헌 군주제는 왕이 헌법에 따라 정해진 것만 할 수 있게 하는 정치 제도를 말해. 왕이 어마어마한 권력을 가지고 나랏일을 마음대로 하는 절대 군주제와는 다르지. 옛날의 정치 제도는 거의 다 절대 군주제였어. 하지만 지금은 왕이 있는 나라도 많지 않고, 왕이 있더라도 대부분 입헌 군주제를 따르고 있어.

국민 투표

나라의 중요한 일에 대해 국민이 투표로 뜻을 밝히는 것을 '국민 투표'라고 해. 대개 의견이 엇갈리는 정치적인 문제에 대해 찬성 또는 반대를 표시하거나, 결정된 일을 국민의 뜻으로 확정해 주는 구실을 해. 예를 들면 헌법을 새로 만들거나 고친 헌법을 확정할 때 실시하는 것도 국민 투표야.

혁명

법을 벗어난 방법, 이를 테면 시민 봉기나 반란 같은 것으로 국가나 사회 전체를 바꾸는 것을 '혁명'이라고 해. 어떤 집단이나 국민이 정부의 권력을 빼앗아 국가의 정치 체계, 나아가 국민들의 삶을 새롭게 만드는 거지. 혁명은 보통 합법적이고 평화적인 개혁이 불가능한 상황에서 시민들의 지지를 받아 일어나. 그래서 대개 무력이 동원되지. 평화적으로 이루어지는 혁명도 있지만, 실제로 일어난 대부분의 혁명은 무력을 통해 이루어졌어. 미국 독립 혁명, 프랑스 대혁명, 러시아 혁명이 좋은 예야.

죄형 법정주의

범죄와 형벌은 미리 법률로 정해 놓아야 한다는 원칙이야. 다시 말하면 무엇이 범죄이고, 그 범죄에 대해 어떤 형벌을 내릴 것인지는 법률로만 정할 수 있다는 말이야. 없는 죄를 만들어 아무나 억울하게 처벌할 수 없도록 만든 원칙이지. 흔히 '법률이 없으면 범죄도 없고, 법률이 없이는 형벌도 없다'는 격언으로 표현하곤 해.

계급과 특권 계급

계급은 보통 사회 안에서 직업, 신분, 재산 같은 것에 따라 구별되는 사람들의 무리를 가리키는 말이야. 옛날에는 어느 곳이나 왕이나 귀족, 승려, 농민 같은 계급이 있었어. 그 가운데 왕이나 귀족처럼 남을 부리면서 사는 높은 신분의 사람들을 특권 계급이라고 해. 특별한 권력을 가진 사람들이라는 뜻이지. 하지만 민주주의가 발전하면서 이제 그런 계급은 거의 사라졌어.

잠깐 인터뷰

"국민은 절대 평등하지 않아!"
– 엉겅퀴 3세 인터뷰

질문자 〈월간 민주주의〉 촘스키 기자

촘스키 반갑습니다. 여왕, 아니 전 여왕님.

엉겅퀴 3세 반갑구려. 이게 얼마 만이지?

촘스키 징역 20년을 선고받고 감옥에 들어가실 때 잠깐 기자들을 만난 게 6개월 전이죠? 그때 저도 그 자리에 있었지요.

엉겅퀴 3세 그래, 기억나는군. 당신 그때 막 좋아 죽겠다는 표정이더라고? 정말 뺨이라도 한 대 치고 싶더군.

촘스키 하하하. 그땐 죄송하게 됐습니다. 그런데 사실 너무 기분이 좋았어요. 이제 민주주의가 회복되고 새로운 세상이 열리는구나 하는 생각이 들어서요.

엉겅퀴 3세 민주주의? 좋아, 말 나온 김에 그놈의 민주주의 얘기나 해 볼까? 도대체 민주주의란 게 뭐라고 생각하오?

촘스키 그야…… 한마디로 국민이 주인 노릇을 하는 정치 제도 아닌가요?

엉겅퀴 3세 과연 그럴까? 난 그렇게 생각하지 않아. 민주주의란 각자 자기 분수에 맞는 대접을 받으며 사는 거야.

촘스키 네? 민주주의란 말의 뜻을 모르시나요?

엉겅퀴 3세 알지. 국민이 주인이라고 여기는 사상이잖아. 하지만 그건 그냥 말일 뿐이고, 실제로 국민이 주인이 될 순 없어. 직접 투표해서 대통령도 뽑고 국회 의원도 뽑는다고 주인이 되나? 그건 그냥 주인 시늉만 하는 거야.

촘스키 그럴까요?

엉겅퀴 3세 어차피 보통 시민들은 다 국가의 노예로 살게 돼 있다고. 생각해 봐. 국가가 명령을 내리면 거기에 안 따를 수 있어? 결국은 투표니 선거니 다 쓸데없는 거라고.

촘스키 그러면 여왕님, 아니 전 여왕님께서는 혹시 왕이 다스리는 게 오히려 민주적이라고 생각하시는 건가요?

엉겅퀴 3세 왜 아니겠어. 시민들이 저마다 자기 능력과 처지를 인정하고 주어진 삶을 성실하게 살도록 해 주는 거, 이게 바로 민주주의잖아.

촘스키 윽, 여왕님, 아니 전 여왕님께서는 전혀 반성을 안 하셨군요. 아직도 모든 국민은 태어날 때부터 자유롭고 평등하게 살 권리를 가진다는 걸 이해 못 하시니.

엉겅퀴 3세 이봐요, 기자 양반. 그게 말이 된다고 생각해? 국민은 절대 평등하지 않아. 나는 날 때부터 여왕이었다고. 당신은 날 때부터 평범한 일개미였고.

촘스키 음, 저 실례지만, 그동안 감옥살이가 좀 힘드셨나요? 제정신이 아니시군요.

엉겅퀴 3세 이런 무엄한! 어디 기자가 그 따위 소리를! 분명히 말해 두는데, 난 처음부터 이런 개미이고 변한 건 하나도 없어. 당신이 이해를 못 할 뿐이지.

촘스키 이거 죄송하게 됐습니다. 더 실례하기 전에 인터뷰를 얼른 마쳐야겠습니다.

엉겅퀴 3세 나도 기분 나빠서 더 이상 말하고 싶지 않아!

촘스키 마치기 전에 이 말씀은 꼭 드리고 싶네요. 전 여왕 폐하, 민주주의란 국민이 주인이 되어 모두가 행복하게 살아야 한다는 사상입니다. 당신 같은 독재자가 국민을 괴롭히면 정당하게 쫓아낼 수 있는 정치 제도이고요.

엉겅퀴 3세 누구 앞이라고 감히 기자 따위가 가르치려 들어? 건방진…….

촘스키 인터뷰에 응해 주셔서 고마워요. 부디 정신 차리시고, 감옥살이 잘 하세요.

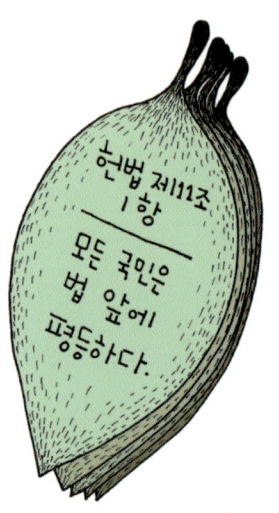